Siegfried Kothe

Denken macht Spaß

Siegfried Kothe

Denken macht Spaß

Denkspiele mit den Merkmalklötzen
LOGISCHE BLÖCKE® von Z. P. Dienes

Mit 16 Seiten mehrfarbigem Bildanhang

Elfte Auflage

Herder
Freiburg · Basel · Wien

LOGISCHE BLÖCKE® ist das für den Verlag Herder Freiburg - Basel - Wien geschützte Warenzeichen für die Merkmalklötze nach Prof. Dienes.

Merkmalkärtchen zu den LOGISCHEN BLÖCKEN sind beim Verlag erhältlich als Satz mit 36 Kärtchen (Bestell-Nr. 15 071).

Gesamtherstellung: Hermann Kuhn KG, Verlags- und Industriedrucke
Villingen-Schwenningen 1973
ISBN 3-451-14951-6

Inhalt

Einführung

Moderne Spielpflege im Vorfeld der Mathematik

Es wird zur Zeit viel über die sogenannte „kulturelle Vernachlässigung“ [1] unserer Vorschulkinder geschrieben und gesprochen. Das zwingt die Fachleute zu konkreten Vorschlägen für erzieherisch vertretbare Bildungsangebote. Unter dem Zwang dieser Diskussionen sollten Eltern und Kindergarten nicht einfach den traditionellen Stoff des ersten Schuljahres in entsprechenden Zuschnitten kritiklos in die Vorschulzeit verlegen. Beispielsweise lernen Vorschulkinder ohne Schwierigkeiten einfache Rechenverfahren. Die Vermittlung dieser Techniken löst allerdings das Problem der „kulturellen Vernachlässigung“ nicht. Beim Einüben von Rechenverfahren besteht im Gegenteil die Gefahr, daß die bei gesunden Vorschulkindern beobachtbare aktive Zuwendungsbereitschaft zu allen Fragen, die in geschickter Weise in ihre geistige Griffnähe gebracht werden, für weitere mathematische Bildungsangebote verlorengehen kann. Nun soll aber natürliches Fragebedürfnis und urwüchsiges Verstehenwollen der Kinder auch für den Bereich der mathematischen Bildung erhalten bleiben. Es ist notwendig, den im natürlichen Kontakt mit der Umwelt sich entwickelnden Kräften des Denkens und der Sprache zusätzliche Anregungen zu geben. Dazu erweitern wir die natürliche Umwelt für unsere Kinder im folgenden Sinne: Wir schaffen Spielsituationen, die eine spezielle Art zu denken herausfordern, wie sie der Mathematik zugrunde liegt. Im tätigen Umgang mit 48 Merkmalklötzen kann die geistige Entwicklung in völlig neuer Weise beeinflußt werden. Es geht zunächst nicht darum, die Zahlen zu erlernen und mit diesen zu rechnen, sondern in viel umfassenderem Sinne Denkstrukturen im kindlichen Geiste auf-

[1] Vgl. u. a. *H. R. Lückert*, Die Grundschule, H. 2, (Westermann) Braunschweig 1967.

zubauen und zu einer Denkhaltung und -einstellung zu erziehen, die den späteren planmäßigen Zugang zur Mathematik auf allen Stufen erleichtern sollen. Wegen der wechselseitigen Abhängigkeit von Denk- und Sprachentwicklung ergeben sich mit dieser Denkerziehung völlig neue Möglichkeiten der Persönlichkeitsbildung. Mit der modernen Spielpflege im Vorfeld der Mathematik, die in dieser Schrift dargestellt wird, erhalten Kindergarten und Elternhaus neue Anregungen für eine intellektuelle Erziehung der Kinder vom fünften Lebensjahr an. Die aufgezeigten Möglichkeiten einer geistigen Gesamtentwicklung, die weit über eine mathematische Grundausbildung hinausreichen, gehen auf Anregungen des Mathematikers und Psychologen Zoltan Paul Dienes, Professor an der Universität Sherbrooke in Kanada, zurück, wie sie vor allem in „Mathematisches Denken und logische Spiele" (Herder, Freiburg) zu finden sind.

Diese moderne Spielpflege kann auch Lehrern des ersten Schuljahres Anregungen für einen den traditionellen Rechenunterricht begleitenden Lehrgang geben. Die neuen Methoden des ersten Mathematiklernens [2] orientieren sich inhaltlich an der Aussagenlogik und Mengenlehre. Wir stehen in der Bundesrepublik erst am Anfang einer Entwicklung, die eine bewußt mathematische Bildung für Kinder vom fünften Lebensjahr ab anstrebt, um sie hinreichend für die Anforderungen in der modernen Welt zu rüsten.

Eltern, Kindergärtnerinnen und Lehrer sollten bei der Denkerziehung mit Hilfe dieser Spiele sich immer bewußt sein, daß die Erfolge von dem Grad der Selbständigkeit abhängen, mit dem Kinder die Problematik der Spiele entdecken. Keineswegs soll alles genau nach den Anweisungen dieses Buches erfolgen. Es sind Anregungen, die mit der besonderen Situation im Elternhaus, Kindergarten oder 1. Schuljahr in Einklang gebracht werden müssen.

Damit die Kinder eigene Erfahrungen sammeln können, müssen günstige Bedingungen geschaffen werden. Einüben im Sinne eines Rechendrills ist hier fehl am Platze. Es bleibt dem pädagogischen Geschick und psychologischen Einfühlungsvermögen der Erwachsenen überlassen, wie sie bei jedem Kind entsprechend seinen Anlagen die Freude am Denken immer wieder neu provozieren.

[2] In diesem Zusammenhang sei verwiesen auf: *Neunzig – Sorger,* Wir lernen Mathematik, 1. Schuljahr, Freiburg i. Br., Herder (mit Lehreranleitung).

Diese Schrift bringt aus diesem Grunde nicht nur eine Sammlung der Spiele, sondern darüber hinaus ausführlich gehaltene pädagogische Anleitungen.

Material: LOGISCHE BLÖCKE® – 48 Merkmalklötze von Z. P. Dienes. Mehrere Ausgaben.
Information und Bezug durch Verlag Herder, 78 Freiburg i. Br., Hermann-Herder-Straße 4.

Alle übrigen für die Spiele benötigten Materialien können selbst hergestellt werden.

Der Verfasser

Bemerkungen zu den Spielen:

1. * Das vor der Spielnummer angegebene Sternchen kennzeichnet einen höheren Schwierigkeitsgrad.
2. P Vorwiegend ein Partnerspiel.
   G Vorwiegend ein Gruppenspiel. Der Erwachsene (Vater, Mutter, Kindergärtnerin) erfüllt seine Rolle als Spielpartner nur dann, wenn er seine Überlegenheit nicht zeigt. Er sucht gemeinsam mit dem Kind ohne ungeduldiges Drängen nach Lösungen für die in den jeweiligen Spielen gestellte Problematik. Dabei sind Bestätigungen (Lob) auch bei Teilerfolgen des Kindes und minimal gehaltene Denkanstöße bei vorübergehender Hilflosigkeit notwendig. Bei den Spielen wird nicht angegeben, welche Rolle die Kinder und welche Rolle die Erwachsenen spielen. Der Sinn der Spiele liegt gerade darin, die Rollen ständig zu wechseln. Die bisherigen Erfahrungen zeigen, daß sich die Kinder bei guter Anleitung nach jedem Rollenaustausch innerhalb eines Spieles schneller umstellen als Erwachsene.
   Erfolgserlebnisse beim Durchhalten des Spannungsbogens von der Problemstellung bis zur Problemlösung bauen Denkhaltungen bei Kindern auf, die das Gesamtverhalten in günstiger Weise verändern. Hier liegen erzieherische Möglichkeiten innerhalb der Familie, die Eltern durch regelmäßiges, kurzes Spielen gemeinsam mit ihren Kindern nutzen sollten.
3. W Spiel mit Wettkampfcharakter. Fast alle Spiele können durch entsprechende Variationen Wettkampfcharakter erhalten. Es gibt Kinder, die Anreize dieser Art sehr lieben. In vielen Problemlösungssituationen erwies sich allerdings der Wettkampfdruck als störend. Die Erwachsenen sollten immer von der jeweiligen Situation her entscheiden.
4. Die Spiele fördern die Entfaltung des Denkens vorwiegend bei Kindern vom 5.–9. Lebensjahr. Ältere Kinder und Erwachsene können auch Anregungen erfahren.
5. Wer sich über Mengenlehre und Aussagenlogik – beide Disziplinen bilden den wissenschaftlichen Hintergrund dieser Spiele – kurz informieren möchte, der lese zum Beispiel:
   a) Schlechtweg - Buchmann, Endliche Mengen, Freiburg [2]1970 (Herder).
   b) T. Varga, Mathematische Logik für Anfänger, Berlin 1966 (Volk und Wissen).

I. Vorbereitende Spiele

1. Freies Bauen mit den 48 Klötzen

Kinder haben das Bedürfnis, jedes neue Spielzeug auszuprobieren. Die 48 Klötze lassen zunächst nicht erkennen, für welche Spiele sie vorgesehen sind. Es geht aber ein Reiz aus, sie als Bauklötze zu verwenden. Ohne Aufforderung bauen Kinder beispielsweise Häuser und Schiffe, indem sie die Klötze aufeinandersetzen. Da die Eigenschaften der Klötze die Ausführung gewisser Baupläne zuweilen verhindern, entstehen Phantasiegebilde, die erst nach Fertigstellung eine Deutung erfahren können. Dieses Umgehen mit den Klötzen ermöglicht in zwangloser Weise Erfahrungen, die für das spätere, von uns planmäßig angeleitete Spielen bedeutsam sind. Die runden Klötze rollen weg. Klötze, die dünn sind, bleiben nicht stehen. Erfahrungen mit den Eigenschaften „rund“ und „dünn“ führen vielleicht dazu, nicht in die Höhe zu bauen, sondern die Klötze nebeneinander zu legen. Die flächenhaften
Abb. 1 Darstellungen, wie sie in Abb. 1 gezeigt werden, bieten mehr Gestaltungsmöglichkeiten. Probleme der Statik gibt es jetzt nicht mehr. Baupläne können nun besser realisiert werden.

Die Phantasie kann auch frei spielen. So führen Gesichtspunkte
Abb. 2 der Ästhetik zu abstrakten Darstellungen, die in Abb. 2 zu sehen sind. Die vergleichende Betrachtung der 11 Eigenschaften (rot, gelb, blau, dreieckig, rund, quadratisch, rechteckig, dick[1], dünn, groß, klein) wird beim Bau schöner Formen gefordert. Sechs große Klötze von dreieckiger Form schließen sich zu einem Sechseck. Dabei wird der Wechsel von „dick“ und „dünn“ und gleichzeitig der Farbe auch von uns als besonders ausgewogen empfunden. Mit sechs kleinen Klötzen kann ebenfalls dieses Sechseck in an-

[1] In den Abbildungen wird „dick“ durch einen Schatten markiert.

derer Farbfolge gelegt werden. Phantasiegebilde, die Farbe, Form, Größe und Dicke der Klötze ohne Bezug zu Abbildungen der realen Umwelt der Kinder allein nach ästhetischen Gesichtspunkten in Beziehung setzen, sind für unsere späteren Spiele höchst bedeutsam. Kindliche Phantasie soll im Vorfeld der Mathematik in völlig neuer Weise herausgefordert werden. Wir treiben Mathematik auf einer sinnenhaften, nicht auf einer abstrakten Ebene. Das Spiel mit Klötzen, also wirklichen Dingen, bringt Erfahrungen, die geistiger Mutterboden für spätere Begriffe werden. Die gelegten Formen werden dann als schön empfunden, wenn sich die Anordnung der Klötze durch Übereinstimmung und Kontraste auszeichnet. Das Nachdenken über gefühlsmäßig gewählte Anordnungen kann dazu führen, formale Strukturen zu entdecken und damit treiben wir Mathematik. Denn moderne Mathematik versteht sich als die Lehre von formalen Strukturen. Gerade das Legen schöner Formen beim freien Bauen zeigt, welche Kinder von sich aus bereits formale Gesichtspunkte bei der Anordnung der Klötze beachten. Vielen Kindern müssen wir erst zu diesen geistigen Leistungen dadurch verhelfen, daß wir entsprechende Spielsituationen konstruieren. Ganz wesentlich ist, daß wir nicht an die natürliche Umwelt mit den vertrauten Dingen bei diesen Spielen anknüpfen, sondern neue Situationen schaffen, wie sie ohne unseren Eingriff den Kindern normalerweise nicht begegnen. Das Prinzip der Lebensnähe wird von uns für Spiele, die der intellektuellen Erziehung dienen sollen, neu interpretiert. Die Kinder spielen mit mindestens der gleichen Hingabe, mit der sie auch traditionell spielen. Der Begriff Spiel erfährt eine neue Fassung. Bei der Hinführung zur Mathematik erfordern die gesteckten Ziele schon am Anfang abgewandelte Methoden.

Es fällt auf, daß Kinder vor der Einschulung beträchtliche Leistungsunterschiede aufweisen. Modernes, technisches Spielzeug vermittelt selten die Erfahrungen, auf denen geistiges Leben aufbauen kann. Die Perfektion von Spielgeräten schläfert die Phantasie ein. Unsere hier vorgeschlagenen Spiele sind geeignet, Vorschulkinder noch rechtzeitig von einer Gedankenarmut zu befreien, die ein späteres Mathematiklernen erschwert. Bei den Spielen bleibt das Denken der Kinder zwar fest an ihr konkretes Tun gebunden, das nach vorgegebenen festen Regeln verläuft, den Spielanweisungen. Sie gewinnen jedoch durch dieses gelenkte Denken Erfahrungen, die es ihnen später ermöglichen, mit neuen

Situationen, die ihnen die Umwelt stellt, besser fertig zu werden. Auf einen weiteren Sachverhalt soll schon hier aufmerksam gemacht werden. Das planmäßige Spielen mit den Merkmalklötzen hilft den Kindern, die sprachlich weniger gefördert sind und deshalb intelligenzmäßig falsch eingeschätzt werden, zur rechten Zeit zu zeigen, welcher Denkleistungen sie fähig sind. Es kann nicht selten beobachtet werden, daß diese Kinder im konkreten Tun anspruchsvolle Spiele fehlerfrei bewältigen, aber nicht in der Lage sind, dieses Tun sprachlich zu fassen. Sie haben häufig auch Schwierigkeiten, gesprochene Anweisungen richtig zu verarbeiten. Zuschauen und teilweises Mittun sind für diese Kinder manchmal wichtiger als weitschweifige Erklärungen. Ihre Scheu überwinden sie schnell, wenn wir ihnen unaufdringlich helfen. Das erfolgreiche Spiel macht diese Kinder gesprächsbereit. Anlaß kann beispielsweise das Erkennen von Fehlern bei Spielpartnern sein. Jetzt ist es notwendig, das Erkannte mitzuteilen. Wohlvertraute Spielsituationen sind günstige Voraussetzungen für diese Sprachpflege. Das Verhalten der Kinder bei Spielen, in denen sie neue Probleme lösen sollen, kann durch Hilfestellungen der Erwachsenen dann ungünstig beeinflußt werden, wenn diese Hilfen unangemessene sprachliche Anforderungen enthalten. Vielbeschäftigte Eltern haben nämlich meist nicht die Geduld, ihr Kind still zu beobachten, bis es bei einer gestellten Aufgabe über viele Lösungsversuche mit eventuellen Irrwegen bis zur Lösung kommt. Lehrer und Kindergärtnerinnen wissen von der pädagogischen Bedeutung der Geduld und eines sparsamen Gebrauchs von Hilfen. Es ist sehr wichtig, ein gestelltes Problem selbständig lösen zu lernen. Unsere Spiele sollen den Kindern helfen, geistige Selbständigkeit vor den Augen der Erwachsenen, von denen sie wissen, daß sie alles besser können, zu demonstrieren. Der Erwachsene wird beobachten können, wie sich probierendes Tätigsein mit den Klötzen und an die Spielregeln gebundenes Denken gegenseitig korrigieren. Es ist häufig falsch, das Kind zu fragen, warum es dies oder jenes getan hat. Denken und Tun sind hier sehr eng aneinander gebunden. Die sprachliche Fassung dieses „Denkhandelns“ durch das Kind bedeutet in der esten Phase der Bewältigung meist eine Überforderung. Zunächst müssen die gewonnenen Erfahrungen ausreifen. Es gibt Situationen, in denen Sprechen das Denken behindert. Ein Kind kann glauben, eine Beziehung entdeckt zu haben. Durch Verändern der wesentlichen

Bedingungen im tätigen Umgang mit den Klötzen und Vergleich mit seiner intuitiven Vermutung kann es zur Lösung der gestellten Aufgabe kommen. Nur in seltenen Fällen wird es aber dann dieses Ergebnis in Worten ausdrücken können. Es scheint allerdings die Sprachentfaltung der Kinder durch dieses geordnete Denkhandeln in einem völlig überschaubaren Bereich Anregungen zu erfahren, die durch die traditionellen Bildungsangebote wohl kaum möglich wären. Beim Tun Beziehungen erkennen und in die Ordnung setzen, die jeweils vom Spiel gefordert wird, bringt Erfahrungen, über die das Kind, sobald es mit den Spielen voll vertraut ist, sehr sicher verfügt. Fordert man es auf, seine Erfahrungen zu formulieren, so erzwingen die im Spiel gewonnenen logischen Beziehungsgefüge eine differenzierte Ausdrucksweise. Denkstrukturen verbessern Sprachstrukturen, wenn auch hier zunächst nur auf einem sehr schmalen Feld. Es ist notwendig, beim Spielen mit den Kindern sich der größeren Zusammenhänge bewußt zu sein, um echte Erfolge mit dieser neuen intellektuellen Erziehung zu erzielen. Wir wollen deshalb die Spiele mit entsprechenden Hinweisen versehen.

2. *Wir geben den Klötzen Namen*

Für das gemeinsame Spiel ist ein eindeutiges Benennen der Eigenschaften der Klötze notwendig. In erstaunlicher Weise finden Kinder treffende Bezeichnungen. „Gib mir den platten Klotz, der so spitzig ist! Ja, den gelben, großen Klotz!“ Die vom Kind gemeinten Eigenschaften des bezeichneten Klotzes im Beispiel sind: dünn, dreieckig, gelb, groß. Genormte Namen für die Eigenschaften erlauben, die Spielanleitungen eindeutig zu geben und klar zu erfassen. Die Wörter für die Eigenschaften (Merkmale, Attribute) der Klötze stehen den Kindern bis auf wenige Ausnahmen (quadratisch, rechteckig, dreieckig) zur Verfügung. Sie werden ausgesprochen und gleichzeitig durch ein geeignetes Symbol auf einem weißen Karton (z. B. 6 x 6 cm) schriftlich gegeben. Wir benutzen dazu am besten Filzstifte. Die Farbmerkmale führen zu unserem ersten Spiel.

FARBMERKMALE

Wir suchen aus der Gesamtmenge der 48 Klötze alle diejenigen Klötze heraus, die beispielsweise das Merkmal „rot“ haben. Das

ergibt einen Haufen (Menge) von 16 Klötzen. Jeder Klotz ist verschieden, aber alle sind sie rot. Neben den Haufen legen wir ein
Abb. 3 Merkmalkärtchen, wie sie in Abb. 3 gezeichnet sind. Es empfiehlt sich, den roten Farbklecks auf das Kärtchen erst dann zu malen, wenn wir die Klötze das erste Mal in der angegebenen Weise ordnen. Der Klecks darf keine der Formen haben, die wir bei den Klötzen finden. Das konkrete Tun ist notwendig. Gesprochene Erklärungen begleiten dieses Tun. Wir bilden einen Haufen. Selbstverständlich beachten wir auch den Resthaufen. Beim vorliegenden Beispiel liegen gelbe und blaue Klötze bunt durcheinander. Wir ordnen auch diese Klötze. Neben den Haufen mit blauen Klötzen legen wir das Kärtchen, auf das ein blauer Farbklecks gemalt wird. Nun bleiben die gelben Klötze übrig.
Wir wollen alle Spiele durchnumerieren und fassen das erste Spiel zusammen:

1. Spiel: „Wir sortieren nach den Farben." Alle 48 Klötze liegen auf einem Haufen. Jeder holt sich einen roten Klotz und legt ihn auf den mit dem Farbkärtchen (rot) bezeichneten Platz ab. Welche Klötze bleiben übrig? Vielleicht nennen Kinder nicht die Farbmerkmale, sondern beispielsweise eine Form (rund). Dann zeigen wir, daß im Haufen der roten Klötze das angesprochene Merkmal (rund) auch zu finden ist und deshalb nicht gemeint sein kann. Es ist eine geistige Leistung, Wichtiges vom Unwichtigen zu trennen. Wichtig und charakteristisch für die Restmenge ist die Farbe. Es bleiben die Klötze übrig, die gelb oder blau sind. Meist wünschen Kinder, auch die Restmenge nach Farben zu ordnen. Dann führen wir auch dieses Sortieren durch.
Wir wollen die Erwachsenen an dieser Stelle auf die Verwendung des Wörtchens „oder" besonders hinweisen. Die Restmenge besteht aus Klötzen, die gelb *oder* blau sind. Kein einziger Klotz ist gelb *und* blau. Sie sind nicht bunt gestreift. Die Charakterisierung der Restmenge durch Eigenschaften muß so geschehen, daß ich von jedem Klotz genau weiß, gehört er dazu oder nicht. Greife ich mit geschlossenen Augen in die Restmenge, dann ist es vielleicht gerade ein blauer Klotz, beim zweiten Mal ergreife ich wieder einen blauen Klotz und erst beim dritten Mal packe ich einen gelben. In diesem Sinne ist das *„oder"* gemeint.
Wir gewinnen so den mathematischen Grundbegriff *Menge*. Die Klötze sind die *Elemente* der Menge. Die Farbeigenschaft „rot"

bestimmt, welcher Klotz dazugehört und welcher nicht. Wenn die Farbe für die Haufenbildung bedeutsam ist, beachten wir die Form, Dicke und Größe nicht. Wir haben oben „nicht-rot" mit „blau oder gelb" bezeichnet. Es sollen später das logische Nicht und das logische Oder noch genauer behandelt werden. Unter uns Erwachsenen wollen wir von *Menge* und *Restmenge* sprechen. Es sollen ja die Erwachsenen gleichzeitig ihre Mathematikkenntnisse erweitern, wenn sie mit den Kindern spielen. Vereinigen wir Menge und Restmenge, dann haben wir wieder die gesamte *Grundmenge* (Universalmenge), mit der wir spielen. Wir müssen immer sagen, was alles beim Spiel verwendet werden darf.
Häufig besteht unsere Grundmenge aus den 48 Klötzen. Grundmengen könnten aber auch sein: 1. Alle Kinder im Raum, 2. alle Möbel im Raum, 3. alles Spielzeug von Eva usw. Entsprechend können hier jeweils Teilmengen mit den dazugehörigen Restmengen gebildet werden. Alle Sitzmöbel bilden eine Teilmenge der Grundmenge im zweiten Beispiel. Schränke, Tische usw. gehören dann zur Restmenge.

2. Spiel: „Wir legen eine bunte Schlange." Es sollte ein Erwachsener ohne Erläuterungen die Klötze so legen, wie es Abb. 4 zeigt. Abb. 4
Das Gebilde nennt er eine Schlange und fragt, was bei der Schlange auffällt.
„Es ist eine recht zahme Schlange." „Sie kann nicht wegkriechen." Die Kinder werden viele Aussagen machen. Was fällt euch noch auf? Sollte der Farbwechsel nicht erkannt werden, muß das Denken auf der Ebene des Tuns aktiviert werden: Baut auch so wie ich! Einige Kinder legen die Schlange Klotz für Klotz nach (Kindergarten mit mehreren Kästen). Vielleicht gibt es einige, die das Prinzip des Farbwechsels selbständig aufgreifen und nicht nur genau nachlegen. Jetzt vergleichen wir. Sollte jemand mehrere gleichfarbige Klötze hintereinander gelegt haben, treten Unterschiede auf. Wir *sehen* die Regel *ein.* „Hier ist es nicht so wie bei mir." Vergleichen und Unterscheiden als Grundfunktionen des Geistes müssen gepflegt werden.
Wer entdeckt und formuliert den Sachverhalt? Ein dicker, großer, runder Klotz ist der Kopf der Schlange. Es ist eine ganz besondere Schlange, denn ständig wechselt beim Anlegen der Klötze die Farbe. Niemals dürfen zwei gleichfarbige Klötze hintereinander liegen. Welchen Klotz muß ich hinter den gelben Klotz legen?

Muß es ein roter Klotz sein? Darf es auch ein blauer Klotz sein? Es gibt immer zwei Möglichkeiten, den nächsten Klotz anzulegen. Das sollen die Kinder erkennen. Diese formalen Gliederungsgesichtspunkte stehen im Mittelpunkt unseres Spiels. Wir beabsichtigen also eine ganz spezielle intellektuelle Erziehung, die bei den traditionellen Spielen zu kurz kommt.

3. Spiel: „Die Musterschlange." Es werden Klötze so ausgelegt,
Abb. 5 wie es Abb. 5 zeigt. Schaut euch einmal diese Schlange an! Sie ist keine gewöhnliche bunte Schlange. Bei ihr kann man etwas ganz Besonderes entdecken. Vielleicht erkennen die Kinder die genau
Abb. 6 eingehaltene Farbfolge (blau - gelb - rot, blau - gelb - rot). Wir legen neben diese Schlange die Farbkärtchen, um die Farbfolge noch in anderer Weise bewußt zu machen.
Wer den Sachverhalt nicht voll erfaßt, muß die Musterschlange mit einer gewöhnlichen Schlange genau vergleichen. Er wird die Unterschiede erkennen.

* *4. Spiel:* „Sechs Muster für die Farbschlange." Bei jeder Schlange, die wir aus Teilmengen legen, soll der Kopf eine andere Farbe bekommen. Ein Kind bestimmt mit den drei Farbkärtchen das Muster, nach dem alle übrigen Kinder die Schlange legen müssen. Zuweilen kommen Kinder bereits hier auf das Problem, verschiedene Anfänge systematisch zu suchen. Das Ergebnis der Diskussion wäre: Mit drei verschiedenen Farben können wir den Kopf legen. Also gibt es drei Möglichkeiten? Ja, man kann aber nach
Abb. 7 jedem Kopf mit zwei verschiedenen Farben weiterlegen. Alle sechs Möglichkeiten legen wir mit Farbkärtchen aus, oder wir malen entsprechende Farbkleckse.
Die Diskussion über die vollständige Zahl der Möglichkeiten ist am Anfang nicht ratsam. Wir führen sie hier trotzdem auf, weil einzelne Kinder selbst zu diesem Problem drängen, wenn sie nur richtig angeregt werden. Für die übrigen Kinder wird die Frage aller verschiedenen Möglichkeiten erst dann interessant, wenn später wieder einmal auf dieses Spiel zurückgegriffen wird.
Beim Vergleich mehrerer Musterschlangen entsteht die Problematik des Spiels 4 in natürlicher Weise.

MERKMALE DER GRÖSSE

Nachdem die Farbe besondere Beachtung fand, soll jetzt die Größe als Merkmal in den Spielen Bedeutung haben. Es gibt 24

große Klötze. Wir suchen sie heraus. Was bleibt übrig? 24 kleine Klötze. Menge und Restmenge sind sehr einfach zu beschreiben. Wir wollen nicht nur die Wörter „groß“ und „klein“ verwenden, sondern auch wieder Merkmalkärtchen anlegen. Für die Merkmale „groß“ und „klein“ wählen wir Strichmännchen als Symbole. Das kleine Männchen hebt die Arme. Es möchte getragen werden. Das große Strichmännchen hält die Arme nach unten. Abb. 8
Wir zeichnen die Symbolkärtchen mit schwarzer Farbe, damit keine unerwünschten Gedankenverbindungen auftreten. Blau, Rot und Gelb kennzeichnen drei andere Merkmale.

5. Spiel: „Wir ordnen nach der Größe.“ Entweder verlangen wir, alle großen Klötze herauszusuchen, dann bleiben die kleinen übrig, oder wir tun es umgekehrt. Zu den Haufen legen wir die Merkmalkärtchen. Die Verneinung (Negation) ist hier nicht problematisch. Nicht-klein ist groß, nicht-groß ist klein.

6. Spiel: „Groß-klein-Schlange.“ Wir legen eine Schlange, bei der wir ständig die Größe wechseln. Das kann auch mit 16 gleichfarbigen Klötzen oder anderen Teilmengen gelegt werden. Abb. 9
Das Schlangenspiel ist bekannt und mit Größenwechsel besonders einfach. Es kommt zunächst bei diesen einführenden Spielen nur darauf an, mit den Merkmalen der Klötze vertraut zu werden. Die Regeln des Merkmalwechsels lenken den Blick auf Gliederungsgesichtspunkte, die im bisherigen Leben der Kinder keine oder nur geringe Bedeutung hatten. Wir müssen uns dessen bewußt sein, daß wir hier völlig neue Erlebnisse provozieren, für die eine anders gerichtete Phantasie erst geweckt werden muß. Diese Erziehung verlangt Geduld und Einfühlungsvermögen bei den Erwachsenen. Die Phantasie der Kinder wird von anderen erregenden Erlebnissen bestimmt. Sprechen wir von einer Schlange, dann darf uns nicht wundern, daß Erlebnisse vom Zoo in Erinnerung gebracht werden. So legte ein kleiner Junge (4 Jahre, 8 Monate) konsequent zu jeder Schlange mit einigen Klötzen ein Haus: „Hier wohnt die Schlange.“
Mathematische Erlebnisse hat ein Kind in seiner natürlichen Umwelt im allgemeinen nicht. Wir müssen dem Kinde Spielsituationen verschaffen, die auch solche Erlebnisse ermöglichen. Ein Kind lernt das Sprechen, weil es nachzuahmen versucht, was es hört. Sprache entwickelt sich in einem langen Differenzierungsprozeß

in ganz natürlichen sozialen Situationen. Auch für die Entfaltung mathematischen Denkens bedarf es zunächst einer Vielfalt von Angeboten, die das Kind in spezieller Weise herausfordern und anregen. Unsere Spiele sind wesentlicher Teil dieser intellektuellen Erziehung.

MERKMALE DER DICKE

Es gibt für die Merkmale „dick" und „dünn" zunächst keine neuen Gesichtspunkte. Wir sortieren *(7. Spiel)* und legen die Abb. 10 „Dick-dünn-Schlange" *(8. Spiel)*. Die Merkmalkärtchen enthalten einen dünnen und einen dicken Strich. Der dicke Strich darf nicht mit dem Symbol für „rechteckig" verwechselt werden, deshalb geben wir die Formen später als Umrisse.

Es ist nicht Aufgabe dieses Buches, die im Spiel gewonnenen Präfigurierungen mathematischer Begriffe und Verfahren jeweils zu diskutieren, doch soll an dieser Stelle an einem Beispiel gezeigt werden, daß die Spielerfahrungen die Basis für planmäßiges Lernen in der Mathematik aufzubauen erlauben. Der zahlentheoretische Sachverhalt „geradzahlig – ungeradzahlig" erfährt in einer speziellen Spielsituation eine reale Darstellung. Dabei brauchen wir nicht einmal die Kenntnis der natürlichen Zahlen vorauszusetzen.

Da wir häufig Mengen bilden, die aus einer geraden Anzahl von Klötzen bestehen (48, 24, 16, 12), zeigen die Schlangen der Spiele 6 und 8 noch eine strukturelle Besonderheit. Ist der Kopf ein dicker (großer) Klotz, dann ist das Schwanzende ein dünner (kleiner) Klotz. Wählen wir eine ungerade Anzahl von Klötzen für die Schlange, dann ist das nicht mehr so. Dieser Sachverhalt wird natürlich erst dann genauer untersucht, wenn wir auch von Anzahl sprechen. Für den Erwachsenen wollen wir aber bemerken, daß Geradzahligkeit und Ungeradzahligkeit Eigenschaften sind, die durch die Dick-dünn-Schlange und die Groß-klein-Schlange vorbereitend dargestellt werden können. In zwei Klassen teilen wir die Schlangen ein. 1. Klasse: Anfang und Ende sind verschie-
Abb. 11 den. 2. Klasse: Anfang und Ende sind gleich. Legen wir solche Schlangen, dann bereiten wir etwas vor, was bei den Zahlen bedeutsam ist. 1. Klasse: Gerade Anzahl von Klötzen. 2. Klasse: Ungerade Anzahl von Klötzen.

Der moderne Anfangsmathematikunterricht zeichnet sich dadurch aus, daß jeder Sachverhalt verkörperlicht wird. Dazu wird „strukturiertes Material" gebraucht: Neben den „Logischen Blöcken" gibt es auch ganz einfaches Material. Beispielsweise kann der zahlentheoretische Sachverhalt „Primzahl" mit Knöpfen verkörperlicht werden. Die Formen Rechteck und Quadrat müssen bekannt sein. 2, 3, 5, 7, 11, 13 usw. sind Primzahlen. Sie können nicht zu einem Rechteck oder Quadrat ausgelegt werden, sondern nur in einer Reihe.

7	16	16
o o o o	o o o o	o o o o o o o o
o o o	o o o o	o o o o o o o o
	o o o o	
o o o o o o o	o o o o	

Abb. 12

In der Abbildung sind 16 Knöpfe das eine Mal als Quadrat und das andere Mal als Rechteck ausgelegt. 16 ist also keine Primzahl. Dagegen ist 7 eine Primzahl, denn es lassen sich mit 7 Knöpfen weder Rechteck noch Quadrat legen, wie Abb. 12 zeigt. Das Auslegen ist einzig und allein in einer Reihe möglich. Die geometrischen Grundformen Rechteck und Quadrat können also dazu dienen, den zahlentheoretischen Sachverhalt Primzahl durch ein Auslegespiel zu veranschaulichen. Beim Spiel mit den Klötzen lernen die Kinder vier wichtige geometrische Grundformen kennen.

MERKMALE DER FORM

Die Welt der Gegenstände ist reich an Formen. Für die Geometrie spielen einige Grundtypen eine besondere Rolle. Bei den Klötzen treten vier Typen auf. Die Namen „rund", „dreieckig", „quadratisch", „rechteckig" führen wir verbindlich ein. Alle runden Klötze sind leicht gefunden. Das Wort „rund" steht den Kindern meist zur Verfügung. Wir suchen runde Gegenstände im Raum, auf der Straße, in der elterlichen Wohnung, unter den Spielsachen usw. Alle diese Dinge (Gegenstände) haben die Eigenschaft „rund". Was nicht rund ist, ist „glatt" und „gerade", hat „Ecken" oder „Spitzen", so sagen die Kinder. Der dreieckige Klotz wird häufig „spitzig", der quadratische „viereckig" und der rechteckige „länglich" genannt. Mit dem Wort Ecke bezeichnen die Kinder sehr verschiedene Dinge. Daheim haben sie vielleicht eine Spielecke. Um für den Vater Zigaretten zu holen, laufen sie um die Ecke an den Kiosk. Aus dem Zusammenhang, in dem das Wort

Ecke verwendet wird, erkennt man seine Bedeutung. Wir suchen Ecken an den Klötzen. Gezählt werden nur die Ecken, die auf dem Tisch aufliegen (der dreieckige Klotz hat ja insgesamt sechs Ecken!).

Vieldeutigkeit ist in folgender Weise nützlich. Trotz ihres geringen Wortschatzes kommen die Kinder selten in Verlegenheit, etwas treffend zu benennen. Diese sprachschöpferischen Leistungen beachten wir gebührend. Für unsere Spiele ist es notwendig, neue Wörter zu verwenden, die nicht zum normalen Wortschatz des Kindes gehören. Es wäre falsch, für eine begrenzte Zeit kindertümliche Ausdrücke beizubehalten. Für Autos und bekannte Markenartikel benutzen Kleinkinder die Fachnamen auch dann, wenn sie anfangs schwer auszusprechen sind. Den geometrischen Formen geben wir in unseren Spielen auch Fachnamen, weil sie für uns bedeutsam werden.

Wir haben zunächst die Aufgabe, die Grundformen des Dreiecks, Quadrats und Rechtecks zu zeigen und die Kinder aufzufordern, diese Formen in der Umwelt zu suchen. Mit dem Fachnamen lernen wir den Sachverhalt durch Beispiele und Gegenbeispiele.
Abb. 13 Eine lange Schiebetür, die hinter einer anderen verschwindet, zeigt, wie die Form verändert werden kann. Verschiedene Rechteckformen gehen ineinander über, aber zu einem ganz bestimmten Zeitpunkt entsteht plötzlich ein Quadrat.

Wir schneiden und falten Papier, um es auch auf diesem Wege klar zu machen. Von den Vierecken sind nur einige Rechtecke. Wir zeigen ein Parallelogramm. „Hier sind die Ecken anders", sagen die Kinder, „das ist kein Rechteck." Gegenbeispiele vertiefen den Eindruck. Wo mußt du abschneiden, damit aus diesem Rechteck ein Quadrat wird? Wir verwenden die Wörter „Dreieck", „Quadrat" und „Rechteck" beim Kennenlernen der Formen. Für Klotzmerkmale wollen wir verwenden: „dreieckig", „quadratisch" und „rechteckig". Wem das Aussprechen Schwierigkeiten bereitet, kann trotzdem immer mitspielen, denn wir
Abb. 14 haben ja noch unsere schriftlichen Symbole, die wir mit schwarzer Farbe als Umrisse zeichnen.

Jetzt ordnen wir nach Formen *(Spiel 9)*. Die Restmengen sind hier vielfältiger als beim Merkmal Farbe. Es wiederholen sich die Schlangenspiele in entsprechender Weise. Man führe analoge Spiele zu den Nummern 2, 3, 4 aus. Ständige Wechsel der Formen ohne *(Spiel 10)* und mit vorgeschriebener Reihenfolge *(Spiel 11)* werden ausgeführt, wie wir es aus früheren Spielen bereits kennen. Die Frage, wie viele verschiedene Muster für eine Form-Schlange gefunden werden können, ist nicht einfach zu beantworten. Sicher gibt es vier verschiedene Anfänge (Köpfe). Legen wir zuerst einen runden Klotz, dann bleiben drei Formen übrig. Nun wissen wir aber von dem vierten Spiel, daß für drei verschiedene Klötze sechs Muster möglich sind. Wegen der vier Anfänge, nach denen je sechs Möglichkeiten bestehen, folgt: 4 x 6 = 24 Möglichkeiten sind es im ganzen. Dieser Hinweis war wieder nur für Erwachsene gedacht. Von den Kindern können wir keinesfalls die vollständige Anzahl der Möglichkeiten verlangen. Wie viele Möglichkeiten finden sie allein?

G *12. Spiel:* Wenn genügend Form-Kärtchen verfügbar sind, kann die Frage nach verschiedenen möglichen Mustern durch Vergleich beim Auslegen beantwortet werden. Es könnte auch nach jedem Auslegen neu notiert werden.

13. Spiel: „Wer spielt aus?“ Es soll bei den Schlangespielen noch auf eine weitere Variation aufmerksam gemacht werden, die das Zuordnen in neuer Weise übt. Vier Kinder sitzen an einem Tisch[2]. Jedes Kind hat nur Klötze einer Form vor sich liegen. Ein Kind legt den Kopf der Schlange. Dann geht es reihum weiter. Jeder legt genau einen Klotz an. Wir können bei einer bestimmten Sitzordnung zwei verschiedene Schlangen legen: einmal geht es links herum und einmal rechts herum. Es sind also beim 13. Spiel genau zwei Muster möglich, wenn jedes Kind Klötze einer Form hat. Jetzt kommt die angekündigte Zuordnungsproblematik. Das Spiel der Kinder wird unterbrochen. Ein fünftes Kind, das nicht an diesem Tisch mitspielt, soll an den Spieltisch gehen und sagen, welches Kind den nächsten Klotz legen muß. Gefordert ist also zunächst der Blick auf das Muster der Schlange und die vor den Spielern liegenden Klotzhaufen. Dann erfolgt das Zuordnen, das hier die Ersterfahrungen zum Drehsinn beim Umlaufen eines Kreises vertieft. Der Drehsinn (Umlaufsinn) wird beim Anlegen wohl von den vier Kindern auch beachtet, das fünfte Kind muß aber diesen Drehsinn durch Zuordnen erschließen. Das ist eine höhere Leistung.

[2] Im Elternhaus könnten es Vater, Mutter und 2 Kinder sein.

14. Spiel: „Welche Merkmale hat dieser Klotz?“ Nachdem wir die 11 Merkmale in verschiedenen Spielen kennengelernt haben, wollen wir uns mit den einzelnen Klötzen beschäftigen. Wir halten einen Klotz hoch und fragen: Wie ist dieser Klotz? Welche Eigenschaften (Merkmale) hat er? Vier Eigenschaften müssen genannt werden. Wer Schwierigkeiten hat, kann ja alle 11 Kärtchen der Reihe nach durchprobieren: Ist er dick? Ist er groß? . . . Was paßt, legen wir neben den Klotz, was nicht paßt, zur Seite. Die Kinder sollen selbst erkennen, daß *jeder* Klotz durch genau vier Merkmale bestimmt wird. Kinder, die mit den Wörtern „Merkmal“ bzw. „Eigenschaft“ nichts anfangen können, bevorzugen den konkreten Bezug: Zu jedem Klotz gehören vier *Kärtchen.*

G *15. Spiel:* „Der verhüllte Klotz.“ Wir zeigen den Klotz nicht mehr, sondern verhüllen ihn mit einem Tuch. Am besten ist es, den Klotz in einen Tuchbeutel zu stecken. Es darf nichts von ihm zu sehen sein. Wie können wir feststellen, welche Merkmale der Klotz hat? Immer muß das Tuch den Klotz bedeckt halten. Er darf befühlt werden. Was wird festgestellt? Größe, Dicke und Form können ertastet werden. Die Farbe ist zu erfragen. Geantwortet wird mit „ja“ oder „nein“. Vielleicht trifft man sofort die richtige Farbe. Wird die erste Frage verneint, dann bleiben zwei Möglichkeiten. Die zweite Frage bringt Gewißheit, gleichgültig ob ein Ja oder Nein als Antwort kommt. Wird diese zweite Frage mit „nein“ beantwortet, fragen Kinder auch noch nach der dritten Farbe. Warum fragst du? Ist diese Frage notwendig? Wenn der Klotz nicht rot und nicht blau ist, dann *muß* er gelb sein. Bei drei Alternativen führen höchstens zwei Fragen zum gültigen Fall. Das wird hier im Spiel erfahren.

* *16. Spiel:* „Welcher Klotz gehört zu diesen vier Kärtchen?“ Zu vier ausgewählten Kärtchen den zugehörigen Klotz suchen, ist ein schwieriges Spiel. Beispiel: rot, groß, rund, dünn (vier Karten). Welcher Klotz ist verlangt?
Es ist notwendig, die Klötze geordnet hinzulegen, damit sie leicht gefunden werden können. Wie ist Ordnung zu schaffen? Beispielsweise könnte man die sechs Klötze gleicher Form und Größe übereinanderlegen. Acht Türmchen sind es dann. 16 Türmchen legen eine andere Ordnung fest. Welche?

Wer seine Gedanken auf das Spiel konzentriert, merkt bald, daß die vier Kärtchen nicht gedankenlos ausgewählt werden dürfen. Die Merkmalgruppen Farbe, Form, Größe, Dicke müssen Beachtung finden. Das sagen wir den Kindern selbstverständlich nicht. Wenn es jemand falsch macht, also zum Beispiel dick und dünn gleichzeitig fordert, dann soll er diesen Klotz selbst suchen. Bald merkt er, die Klötze sind entweder dick oder dünn. Niemals aber besitzt ein Klotz beide Eigenschaften zugleich. Wer vier passende Kärtchen ohne Schwierigkeiten findet, der praktiziert das, was wir *subsumieren* nennen. Er ordnet Begriffe nach Oberbegriffen richtig ein. Diese beachtlichen Leistungen werden in der Ebene des konkreten Handelns erreicht. Sie zeigen die Bedeutung der Spiele mit den Klötzen für die Herausforderung eines Denkens, das im Ansatz der sprachlichen Formulierung nicht bedarf.

17. Spiel: „Merkmaltabelle." Wir wollen die Tatsache, daß ein Klotz durch vier Merkmale eindeutig bestimmt ist, in einer Spielvariante aufgreifen, die mit der Lesetechnik einer Tabelle vertraut macht. In 11 Spalten für die möglichen Merkmale tragen wir zeilenweise je vier Kreuze für einen Klotz ein. 48 Zeilen wären auszufüllen, wenn wir alle Klötze in dieser Weise notieren wollten. Das tun wir selbstverständlich nicht. Wir müssen aufpassen, daß wir in derselben Zeile bleiben. Abb. 15 zeigt ein Beispiel für diese Merkmaltabelle. Das Kind nimmt einen Klotz in die Hand und malt für jedes erkannte Merkmal ein Kreuz an die richtige Stelle in der Tabelle. Abb. 15

18. Spiel: „Vier Kreuze in einer Zeile – welcher Klotz ist es?" Während im Spiel 17 das Kind den Klotz in seiner Hand betrachtete, um die vier Merkmale herauszufinden, die dann mit vier Kreuzen in der Tabelle notiert wurden, wollen wir jetzt das Umgekehrte verlangen. Vier Kreuze in einer Zeile nennen vier Merkmale. Der dadurch bestimmte Klotz soll von den Kindern aus dem Gesamthaufen herausgesucht werden.
Die Variation der beiden Spiele besteht darin, daß 11 Symbolkärtchen in eine Zeile nebeneinander gelegt und, statt Kreuze einzuzeichnen, vier Knöpfe oder Steinchen an die entsprechenden Stellen gelegt werden.

19. Spiel: „Weniger als vier Kreuze?" Interessant sind Situationen, die wir, falls sie nicht zufällig von selbst eintreten, provo-

zieren können: Jemand macht nur drei Kreuze bzw. legt nur drei Knöpfe aus. Kann das auch etwas bedeuten? Beispielsweise sei rot, rund und klein markiert. Es sind genau zwei Klötze, die diese Eigenschaft haben: einer ist dick, der andere dünn. Das Suchen dieser Klötze wird erleichtert, wenn der Gesamthaufen vor dem Spiel geordnet wird. Wer fischt wahllos aus dem ungeordneten Haufen und schiebt die Klötze immer wieder hin und her? Wer ordnet den Gesamthaufen erst in Türmchen, weil er dann einen besseren Überblick hat? Wir schreiben nicht vor und beobachten die Kinder. Vielleicht kommt den Kindern selbst der Gedanke, planmäßig zu suchen. Nur vorsichtig geben wir Entwicklungshilfen. Wir sagen es den Kindern nicht, daß Denken überflüssiges Tun erspart, sie sollen es selbständig erfahren.
Sind zwei Kreuze in einer Zeile der Tabelle, die beispielsweise Klötze verlangen, die rot und rund sind, so gibt es vier Klötze. Bei nur einem Kreuz (rund) kann es 12 Klötze geben. Es ist ganz klar, daß es immer dann *mehr* Klötze gibt, wenn wir *weniger* gemeinsame Eigenschaften fordern. Mehr als vier gemeinsame Eigenschaften gibt es nicht. Die Klötze haben natürlich noch andere Eigenschaften (stoffliche Beschaffenheit, Gewicht), aber wir beachten sie bei unseren Spielen nicht.

WG *20. Spiel:* „Merkmalkärtchen ziehen." Zu allen Spielen können Varianten leicht gefunden werden. Wir legen die 11 Merkmalkärtchen so hin, daß die Symbole nicht zu sehen sind. Es wird ein Kärtchen gezogen und das Merkmal abgelesen. Jetzt müssen alle die Klötze gesucht werden, die dieses Merkmal tragen. Problematisch wird das Ziehen von zwei Kärtchen. Vielleicht ziehen wir gerade die Kärtchen, die ein Quadrat und einen Kreis enthalten. Das geht nicht, denn es gibt keine Klötze, die gleichzeitig rund und quadratisch sind. Ohne Schwierigkeit finden wir Klötze zu den Kärtchen mit den Symbolen „dick" und „rot". Das Spiel verlangt eine besondere Aufmerksamkeit. Wer merkt zuerst, daß die Eigenschaftsverbindung rund und quadratisch nicht möglich ist? Die Schwierigkeiten können gesteigert werden, wenn nun auch drei oder vier Karten gezogen werden. Jetzt dauert es schon länger, bis jemand ruft: „Es geht nicht!"

WG *21. Spiel:* „Merkmalwürfel." Statt Karten zu ziehen, können wir auch würfeln. Dazu bekleben wir vier würfelförmige Bauklötze.

Der erste Würfel erhält Farbmerkmale (jede Farbe erscheint zweimal). Größenmerkmale und Dickenmerkmale kommen auf die nächsten beiden Würfel (jedes Merkmal erscheint dreimal). Der vierte Würfel erhält die vier Formmerkmale (zwei Würfelflächen bleiben ohne Symbol). Jedes Kind gewinnt jetzt die vier Merkmale für einen Klotz durch Würfeln. Der Klotz wird aus der Menge herausgesucht. Es wird im Gegensatz zu Spiel 20 hier immer ein Klotz gefunden. (Selbstverständlich muß eventuell beim Form-Würfeln mehrmals gewürfelt werden.)
Bei den Spielen 20 und 21 kann im Laufe des Spiels der Fall eintreten, daß der gezogene oder gewürfelte Klotz nicht mehr in der Restmenge vorhanden ist. Beim Wettspiel wäre es dann Pech, keinen Klotz zu finden. Gewonnen hätte, wer die meisten Klötze sammeln konnte. Beim Kartenziehen müßten wir den, der zuerst merkt, daß die Merkmalkombination nicht zusammenpaßt, zweimal ziehen lassen.

Es sei zum Abschluß der vorbereitenden Spiele noch einmal darauf hingewiesen, daß 1. auf größtmögliche Selbständigkeit, 2. auf Erfolgserlebnisse nach den geforderten Anstrengungen und 3. auf bestmögliche Anpassung an die Leistungshöhe der jeweiligen Kindergruppe geachtet werden muß. Die Sicherung der Erfolgserlebnisse sollte immer dann im Rückgriff auf vertraute Spiele bestehen, wenn im neuen Spiel zunächst zuviel gefordert wird. Der Rückgriff auf das vertraute Spiel sollte fernerhin ab und zu mit selbst ausgedachten Variationen zu diesen Spielen erfolgen.
Beispiele: 1. Variation: Es werden nur Schlangen mit 12 Klötzen gelegt (Spiele 2, 6, 8, 10). Frage: Bleibt es eine Farbschlange (oder entsprechend Formschlange usw.), wenn du *genau einen* Klotz zwischen zwei benachbarte Klötze einschiebst? Welcher muß es sein? („Blau" zwischen „gelb" und „rot".) Welcher darf es sein? (Zwei Möglichkeiten bei der Formschlange!) Bei den Spielen 6 und 8 gibt es *keine* Möglichkeit. 2. Variation: *Genau zwei* Klötze! 3. Variation: Drei und mehr Klötze?

II. Spiele für Fortgeschrittene

1. Ordnung schaffen

NACH EINEM PLAN DIE KLÖTZE ORDNEN

Das Ordnen war bisher nötig, wenn aus der Gesamtmenge Klötze herausgesucht werden mußten. Wir wollen das Ordnen in einigen Spielen diskutieren. Zunächst wiederholen wir das Ordnen in Türmchen.

22. Spiel: „Klötze in Türmchen ordnen." Dreiertürmchen entstehen, wenn alle Klötze übereinandergelegt werden, die gleiche Form, Dicke und Größe haben. Das sind insgesamt 16 Türmchen. Wer zählen kann, soll ruhig die Zahl nennen. Wir verlangen es im allgemeinen nicht.

Das Türmchenspiel wird von einigen Kindern so ausgeführt, daß sie sogar die Farbfolge der drei aufeinanderliegenden Klötze immer gleich halten. Eins von den 16 Türmchen besteht aus den drei großen, runden, dicken Klötzen. Allein dieses Türmchen kann auf sechs verschiedene Weisen gebaut werden, je nach Farbfolge, wie wir bereits vom Spiel 4 wissen. Es kommt aber im Spiel primär nicht auf die Farbfolge an.

Alle Klötze könnten auch in acht Türmchen geordnet werden. Wir setzen die kleinen Dreiertürmchen auf die großen. Form und Dicke sind bei den Klötzen eines Turmes gleich.

Es kommt darauf an, möglichst viele Möglichkeiten zu finden. Immer prüfen wir auf gemeinsame Eigenschaften. Acht Türme zu je sechs Klötzen finden wir auch, wenn Form und Größe jeweils gleich sind. Die Schwierigkeiten des Spiels liegen im Formulieren der Ergebnisse. Die Begriffe Form, Farbe, Dicke und Größe müssen verwendet werden. Was ist gleich? Was ist verschieden?

Die Antworten sind recht umständlich, wenn nicht die vier Begriffe Verwendung finden. „Hier ist Rot und dann kommt Blau, das ist verschieden." So ähnlich drücken es Kinder aus.

23. Spiel: „Klötze auf Gitterfeldern ordnen." Die Kinder nehmen sich die runden Klötze. Wir verlangen wieder, diese Klötze zu ordnen. Jetzt soll aber jeder Klotz einzeln daliegen. Als Hilfe geben wir auf Papier gezeichnete Gitterfelder (Abb. 16). Jedes Feld Abb. 16 muß so groß sein, daß das große Rechteck bequem Platz hat. Übrigens hat das Gitterfeld die Form eines Rechtecks. Wer findet einen Plan für das Auslegen der Klötze in schöner Ordnung? Jedes Kind versucht es. Wir vergleichen zwei Beispiele.

Das Gitterfeld von Abb. 16 ist in den Abbildungen 17 und 18 mit zwei verschiedenen Ordnungen belegt. Die Ordnung für die roten Klötze in Abb. 18 ist anders als für die blauen und gelben Klötze. Die Klötze in Abb. 17 liegen viel gleichmäßiger da. In jeder Reihe Abb. 17 liegen von oben nach unten Klötze gleicher Farbe (Spalte). In der obersten waagerechten Reihe (Zeile) liegen große, dicke Klötze. In allen Zeilen sind die Dicke und Größe immer gleich. Die Begriffe Reihen (Zeilen und Spalten) sollen anschaulich erarbeitet werden. Die Zeilen gehen von links nach rechts, die Spalten von oben nach unten. Wir fahren mit dem Finger die Reihen entlang. Die Namen werden erst dann eingeführt, wenn der Sachverhalt völlig klar ist. Daß der Mathematiker ein solches Schema eine *Matrix* nennt, ist für die Kinder belanglos. Die Elemente der Matrix sind die 12 Klötze. Das Matrixspiel 23 dient dem Kennenlernen dessen, was wir eine „schöne Ordnung" nennen wollen. Die Regelmäßigkeit in allen Reihen ist dann optisch und mit dem Tastsinn erfaßbar, wenn wir zwischen wichtig und unwichtig unterscheiden gelernt haben. In jeder der drei Spalten liegen Klötze gleicher Farbe. Alle Klötze sind blau. Hier sind alle Klötze rot. Wir fahren mit dem Finger über alle Klötze einer Spalte. Von oben nach unten finden wir in Abb. 18 Unregelmäßig- Abb. 18 keiten. In der ersten Spalte sind alle Klötze groß, in der zweiten Spalte alle klein. Welche Merkmale sind gleich in der dritten Spalte? Die Größe ist nicht gleich, nur die Farbe. Die Farbe ist aber in den ersten beiden und letzten beiden Zeilen der linken Spalten in Vierergruppen gleich, nicht spaltenweise. Schön ist die Ordnung nur, wenn die Merkmale reihenweise gleich bleiben. Die in den linken beiden Spalten (Abb. 18) erkennbare schöne Ord-

nung wäre für alle 12 Klötze in einem anderen Gitterfeld mög-
Abb. 19 lich (Abb. 19). Wir bringen dazu alle vier roten Klötze in die ersten beiden Zeilen. Spaltenweise ist die Größe gleich, zeilenweise Farbe und Dicke. In dieses 2 x 6-Feld können wir auch dann eine schöne Ordnung bringen, wenn wir in die erste Spalte alle dünnen und in die zweite Spalte alle dicken Klötze legen. In jeder
Abb. 20 Zeile finden wir Klötze gleicher Farbe und Größe (Abb. 20).
Abb. 21 Die Zeilen können auch vertauscht werden, so daß wir zur Abb. 21 kommen.

Wem die schöne Ordnung zu schwer ist, der darf nach eigenen Prinzipien ordnen (Abb. 18). Das ist dann eine *einfache* Ordnung. Die *schöne* Ordnung hat mehr Pfiff.

P *24. Spiel:* „Gleiche Ordnung auf eine andere Klotzmenge übertragen." Eine mit runden Klötzen ausgelegte Ordnung soll auf eine Menge von Klötzen, die alle quadratisch sind, übertragen werden. Wer das Spiel 23 zu schwierig fand, kann hier wieder mitspielen. Jedes Kind sammelt alle Klötze gleicher Form. Zwei Kinder spielen immer zusammen. Ein Kind denkt sich einen Plan aus und legt danach die Klötze hin. Das andere Kind übernimmt den Plan für die Ordnung seiner Klötze. Das leistungsschwächere Kind wird gern nachbauen. Das leistungsstärkere Kind denkt sich jeweils neue Ordnungen aus. Es wechselt dabei die Teilmengen: 12 Klötze gleicher Form, 16 Klötze gleicher Farbe, usw. Wird mit 12 Klötzen, die dünn und klein sind, vorgebaut, dann kann mit 12 Klötzen, die dünn und groß sind, nachgebaut werden. Es kommt nur darauf an, daß 1. von dem einen Kind eine schöne Ordnung gefunden wird und 2. das andere Kind diese Ordnung erkennt und analog überträgt. Bald hat auch das schwächere Kind gelernt, selbst schöne Ordnungen zu finden. Selbstverständlich könnten auch ein Erwachsener und ein Kind zusammenspielen.

Ein neuer Plan kann leicht durch Vertauschung von Reihen gefunden werden. Statt des 3 x 4-Feldes kann bei den Klötzen gleicher Form auch ein 2 x 6-Feld gewählt werden. Für andere Teilmengen müssen passende Gitterfelder gesucht werden. Das 4 x 4-Feld oder das 2 x 8–Feld eignen sich für die Teilmenge farbgleicher Klötze. Diese Ordnungsspiele bringen einfachste Strukturerlebnisse, die für mathematisches Denken sehr wichtig sind.

P *25. Spiel:* „Es fehlen Klötze, aber die Ordnung ist noch zu erkennen." Die Kinder legen Klotzmengen nach einem Plan auf vorgezeichnete Gitterfelder. Auf 12 Felder können auch alle dünnen, kleinen Klötze (bisher waren es 12 Klötze gleicher Form) verteilt werden. Abb. 22 zeigt eine mögliche Ordnung. In Abb. 23 Abb. 22
ist eine Ordnung für 24 Klötze (alle großen Klötze) zu sehen. Abb. 23
Wir variieren also die Gitterfelder und die passenden Klotzmengen. Die Kinder suchen jeweils Ordnungen dazu. Das ist der Inhalt der Spiele 23 und 24. Nun kommt das Problem des Spiels 25. Nach dem Auslegen werden einige Klötze wieder entfernt und unter die Restmenge gemischt. Welches der Kinder, die vorher nicht am Tisch saßen, findet die ausgesonderten Klötze aus dem Resthaufen wieder heraus? Die stehengebliebenen Klötze müssen die Ordnung noch erkennen lassen. Je mehr Klötze stehen bleiben, um so leichter ist die Ordnung zu enträtseln. Das Spiel 25 ist ein typisches Partnerspiel. Man kann es nicht allein spielen. Einer weiß immer Bescheid, der andere muß durch kombinierendes Denken die fixierte Ordnung finden. Die Detektivarbeit wird besonders schwer, wenn nur noch ganz wenige Klötze liegen. In Abb. 24 könnte ein Klotz noch entfernt werden. Die erste Zeile Abb. 24
muß mit folgenden runden, blauen Klötzen ausgelegt werden: 1. groß und dick, 2. klein und dick, 3. klein und dünn. In der zweiten und dritten Zeile bleibt alles so, es ändert sich nur die Farbe.

In Abb. 25 dürfte kein Klotz mehr entfernt werden, weil sonst Abb. 25
die Ordnung nicht mehr erkennbar bleibt. Wie findet man die Ordnung? Erste Überlegung: Es sind kleine, dünne Klötze ausgelegt. Die Farben sind verschieden. 12 dünne, kleine Klötze gibt es, also sind die restlichen neun zu verteilen. Zweite Überlegung: Die rechte Spalte muß mit den dreieckigen Klötzen besetzt werden. Die Farbfolge ist von oben nach unten: blau - rot - gelb. In jeder Spalte liegen formgleiche Klötze.

In Abb. 26 liegen fünf Klötze. 19 Klötze fehlen. Wie ist hier zu Abb. 26
überlegen? 1. Alle 24 dünnen Klötze bilden die Menge, die auszulegen ist. 2. Die ersten drei Spalten sind für die großen, die hinteren drei Spalten für die kleinen Klötze vorzusehen. 3. In jeder Spalte liegen Klötze gleicher Farbe. 4. Die Farbfolge in jeder Zeile ist: rot - gelb - blau - gelb - rot - blau.

Wenn wir gemeinsam überlegen, müssen wir unsere Gedanken austauschen. Die Beschreibung der Lage im Gitter verlangt die

Verwendung der Begriffe: rechts-links, oben-unten, Mitte, Reihe (Zeile und Spalte), vielleicht auch die Ordinalzahlen. Was ist auf einem Blatt Papier „oben", was ist „unten"? Das zeigen wir bei-
Abb. 27 spielsweise an der Abbildung einer Kommode (Abb. 27). Wo ist der oberste Schubkasten? usw. Jetzt übertragen wir die Lagebezeichnung auf das Gitterfeld.

Abschließend soll noch auf das 6 x 8-Feld hingewiesen werden.
Abb. 28 Hier finden alle 48 Klötze Platz. Abb. 28 zeigt eine mögliche Ordnung. Auch auf einem 3 x 16-Feld sind alle Klötze unterzubringen. Mit der Zeit können wir dann auf gezeichnete Gitter verzichten, wenn die Kinder das präzise Einhalten von Zeilen und Spalten in der Matrix gelernt haben.

26. Spiel: „Der Plan für die Ordnung wird mit Merkmalkärtchen angegeben." Wir legen eine schöne Ordnung. Anschließend sollen Kärtchen, die das charakteristische Merkmal der Reihe bestim-
Abb. 29 men, oben und links hingelegt werden. Im Beispiel von Abb. 29
Abb. 30 sind alle dünnen, kleinen Klötze verwendet worden. Abb. 30 zeigt die angelegten Merkmalkärtchen. Was sagt uns das Kärtchen mit dem roten Farbklecks? Alle Klötze dieser Zeile sind rot. Was sagt das Kärtchen mit dem Kreis? Alle Klötze in der letzten Spalte sind rund.

Bei den Klötzen von Abb. 28 ist das Spiel schwieriger, denn es gibt mehr als ein gemeinsames Merkmal in einer Reihe. Für die erste Zeile genügt das rote Kärtchen nicht, das Merkmal „groß" muß als Kärtchen danebengelegt werden. In jeder Zeile stimmen Farbe und Größe überein. Wie ist es bei den Spalten? Form und Dicke sind gleich. Prüfen wir jeden der Klötze, die von oben nach unten liegen! Welche Merkmale wechseln? Welche Merkmale bleiben gleich? Die beiden Kärtchen für zugehörige Form und Dicke legen wir sichtbar übereinander jeweils oben an die acht Spalten. Über die erste Spalte legen wir die Symbole für Quadrat und Dick.

Die Kinder suchen weitere Ordnungen für bestimmte Klotzmengen und symbolisieren anschließend mit Kärtchen. Eigenschaften, die alle Klötze der Menge haben, werden nicht beachtet. In Abb. 30 sind die Merkmale „dünn" und „klein" deshalb nicht ausgelegt.

27. Spiel: „Das Koordinatenprinzip." Jetzt sollen umgekehrt zuerst die Merkmalkärtchen für eine bestimmte Klotzmenge hingelegt werden. Ein Beispiel gibt Abb. 31. Sechs Klötze gleicher Form und Größe können so geordnet werden. Das Ordnungsprinzip ist den Erwachsenen bekannt. Eine bestimmte Stelle auf dem Stadtplan kann durch einen Buchstaben und eine Zahl angegeben werden. Abb. 31

Es ist schwieriger nach vorgeschriebenen Merkmalpaaren zu ordnen, als mit einer vorgegebenen Merkmalmenge wie bisher manipulierend eine Ordnung frei zu gewinnen. Ganz unten rechts soll ein Klotz liegen, der dünn und blau ist. Die Kinder müssen nicht Feld für Feld einzeln die Merkmalkombinationen beachten, sie könnten auch zeilenweise verteilen. Zuerst werden die dicken Klötze erfaßt und nach der Farbe ausgelegt. Dann wird dasselbe mit den dünnen Klötzen getan. Gleichgültig, wie beim Verteilen verfahren wird, immer wird das gleiche Ordnungsprinzip beachtet. (Teilmenge: Klötze gleicher Form und Größe.)

Die Kinder sollen selbst weitere Ordnungen erfinden. Wir geben zwei Beispiele. 1. Acht Klötze gleicher Farbe und Größe, 2 x 4-Feld, Kärtchen: Form und Dicke. 2. 16 farbgleiche Klötze, 4 x 4-Feld, Kärtchen: Form, Dicke, Größe.

·

28. Spiel: „Die Kästchenordnung." Das in den Spielen gelernte Koordinatenprinzip wird jetzt bei der Ordnung aller 48 Klötze angewendet. Wir verwenden nun nicht mehr das Gitternetz, weil auf ein Feld mehr als ein Klotz kommen wird. Es wäre möglich, jeweils ein Türmchen auf ein Feld zu setzen, besser sind Kästchen (Körbchen o. ä.). Wir stellen zwei Kästen auf und verlangen die Trennung nach der Größe. Zu jedem Kästchen legen wir das Merkmalkärtchen (Abb. 32). Jetzt sollen aber aus jedem der beiden Kästen die dünnen Klötze herausgenommen werden. Zwei weitere Kästen werden gebraucht. Wir stellen sie in die zweite Zeile. Sie nehmen alle dünnen Klötze aus den Kästen der ersten Zeile entsprechend der Größe auf. Nach den Matrixspielen werden die Kinder diese Ordnung der 48 Klötze nach gleichzeitig zwei Prinzipien einschließlich der Symbolisierung mit Kärtchen spielend lösen. In Abb. 33 geben die Zahlen in den Kästchen den Erwachsenen nur einen Hinweis auf die Klotzanzahl. Abb. 32 Abb. 33

Die Kinder sollen weitere Beispiele für Kästchen-Ordnungen suchen. Sie können beispielsweise die Ordnung von Abb. 31 für sechs Kästchen übernehmen. Während im Spiel 27 nur sechs Klötze Verwendung fanden, sind es jetzt alle 48 Klötze.

2. *Negationsspiele*

29. Spiel: „Welche Eigenschaft fehlt?" Wir halten einen Klotz hoch und fragen jetzt nicht nur, wie der Klotz ist (Spiel 14), sondern auch, wie er *nicht* ist. Dieses Spiel ist eine Variante von Spiel 17. Dort geben die Kreuze an, welche Merkmale auf den Klotz zutreffen. Die leeren Stellen sagen uns, wie er nicht ist. Der Klotz in der ersten Zeile von Abb. 15 ist „rot und quadratisch und dünn und groß". Er ist also „nicht-blau und nicht-gelb und nicht-rund und nicht-rechteckig und nicht-dreieckig und nicht-dick und nicht-klein". Vier Eigenschaften treffen zu, sieben treffen nicht zu.
Es soll nun ein Symbol für „nicht" eingeführt werden. Wir verwenden einen schwarzen Diagonalstrich (von der linken Ecke
Abb. 34 unten zur rechten Ecke oben), wie es Abb. 34 zeigt. Dieses „Durchstreichen" bedeutet, daß die jeweilige Eigenschaft *nicht* gilt.
Abb. 35 Nicht-rot, symbolisiert wie in Abb. 35, meint den Resthaufen von Klötzen, die blau oder gelb sind.

30. Spiel: „Teilmenge – Restmenge." Dieses Spiel verlangt die Bildung einer Teilmenge nach einer der 11 Eigenschaften und die Charakterisierung der Restmenge mit „nicht". Alle quadratischen Klötze bilden eine Teilmenge. Die 36 Klötze der Restmenge sind nicht-quadratisch. Wir können auch sagen: Hier liegen alle Klötze, die rund oder dreieckig oder rechteckig sind. Hier wiederholen wir noch einmal, was über die Verwendung von „oder" bereits früher gesagt wurde. Alle 11 Merkmale werden der Reihe nach verwendet, um jeweils Teilmenge (zum Beispiel dick) und Restmenge (zum Beispiel nicht-dick) zu bilden. Neben die Mengen werden diese charakterisierenden Merkmalkärtchen gelegt.

*PG *31. Spiel:* „Welches gemeinsame Merkmal fehlt in der Klotzmenge?" Eine Gruppe Kinder trifft die Verabredung, nur Klötze in eine Reihe zu legen, denen ein gemeinsames Merkmal fehlt. Ein Kind, das die Verabredung nicht kennt, muß dieses Merkmal erraten. Die Kinder legen beispielsweise alle nicht-blauen Klötze aus. Immer kommt ein Klotz dazu, der nicht-blau ist. Nur gelbe und rote Klötze dürfen genommen werden, bei denen natürlich die Form, Dicke und Größe wechseln darf. Das Kind muß scharf beobachten, um das fehlende Merkmal beim Vergleich aller bereits liegenden Klötze zu erkennen. Es könnte nach den ersten vier ausgelegten Klötzen vermuten (Abb. 36): „Nicht-klein." Es sind tatsächlich nur große Klötze, also war es nicht blind geraten, sondern wohlüberlegt. Die Gruppe der Kinder, die auslegt, ruft mit Schadenfreude: „Nein!" „Den nächsten Klotz bitte!" Er sei beispielsweise gelb, quadratisch, groß, dick. Jetzt überlegt das ratende Kind: Es kommen keine dreieckigen Klötze vor, also: „Nicht-dreieckig." „Falsch!" Nach jedem weiteren Klotz ergeben sich neue Kombinationsmöglichkeiten. Im Beispiel wäre also „nicht-blau" verlangt. Die Kinder legen natürlich ihren Ehrgeiz darein, nach möglichst wenig Klötzen schon das fehlende Merkmal zu erkennen. Vielleicht spielen pfiffige Kinder in der Gruppe zusammen, die es dem ratenden Kind schwer machen wollen. Sie dürfen ihre Spielstrategie gemeinsam beraten. Natürlich darf dabei der Gegenspieler nicht zuhören. Eine solche Strategie könnte sein: Wir legen zunächst nur große und nicht-dreieckige Klötze. Selbstverständlich kann diese Strategie nicht verhindern, daß der Gegenspieler auch auf die Farben achtet. Blau tritt nicht auf, also ist der Schluß „nicht-blau" naheliegend. Die Täuschung mit der Größe (nur große Klötze werden ausgelegt) und mit der Form (nicht-dreieckige Klötze) ist dann nicht gelungen. Abb. 36

Wenn das Spiel neu eingeführt wird, dann spielt diese eben am Beispiel aufgezeigte Strategie natürlich keine Rolle. Einigen Kindern fällt es nicht leicht, das Merkmal zu suchen, das nicht zu sehen ist. Dieses kombinierende Denken setzt volles Vertrautsein mit den Klötzen und ihren Merkmalen voraus. Sobald die Kinder die ersten Erfahrungen durch das Spielen gewonnen haben, entwickeln sie von allein Gedanken, dem Gegenspieler das Bestimmen des gesuchten Merkmals zu erschweren. Auf die selbständig entwickelte Spielstrategie sollten die Erwachsenen immer achten und jeden diesbezüglichen kindlichen Ansatz eventuell durch weitere Denkanstöße entfalten.

Jedes Spiel sollte damit abschließen, auch noch die nicht gesetzten Klötze zu suchen, die nicht-blau (wie im Beispiel) sind. Wir trennen die Gesamtmenge in zwei Teilmengen durch das bestimmte Merkmal. Die einen Klötze besitzen es, die anderen Klötze nicht. Beide Teilmengen ergeben bei der Vereinigung wieder die Gesamtmenge.

32. Spiel: „Kaufladenspiel." Die Klötze werden als Edelsteine betrachtet. Ein Kind bietet als Verkäufer alle 48 Steine an. Das

andere Kind denkt sich als Käufer einen Stein aus und verrät nichts von seiner Wahl. Der Verkäufer muß im Verkaufsgespräch den Wunsch des Käufers durch Angebote von Steinen erkunden. Man könnte einzelne Steine zeigen, aber dann würde im ungünstigsten Fall der 48. Stein erst der fragliche sein. Es ist günstiger, Steine mit gemeinsamen Eigenschaften anzubieten. Bei Ablehnung (Verneinung) scheidet eine Teilmenge sofort aus. Für eine weitere Teilmenge der Restmenge erscheint dann das nächste Angebot. Der gewünschte Stein wird auf diesem Wege mit seinen vier Eigenschaften bestimmt.
Mögliches Verkaufsgespräch: „Wir haben sehr schöne gelbe Steine.“ „Gelb liebe ich nicht.“ „Darf es dann ein roter Stein sein?“ „Nein, die roten Steine gefallen mir nicht.“ „Diese großen, dicken Steine sind sehr peiswert“ usw. Es werden die nicht in Frage kommenden Steine jeweils weggeräumt. Der Käufer hätte statt der Veneinung bei Gelb in der Antwort Blau als gewünschte Farbe nennen können. In diesem Falle hätte er zuviel gesagt, weil es bei diesem Spiel darauf ankommt, den Verkäufer recht lange bieten zu lassen. Das Ja und Nein wird von wortgewandten Kindern zuweilen recht phantasievoll ausgeschmückt. Der Verkäufer weiß nach Ablehnung von gelb und rot sofort, daß nur blaue Steine in Frage kommen. Er bietet sofort weiter Steine an, die groß und dick sind. Selbstverständlich sind sie blau. Es gibt Kinder, die die überflüssige Frage nach blau stellen und erst dann weiter fragen. Die Erfahrung, daß bei Auswahl dreier Möglichkeiten höchstens zwei Fragen genügen, muß von Kleinkindern erst gemacht werden. Die vier blauen, dicken, großen Klötze bleiben bei Zustimmung der zuletzt gestellten Frage übrig. Die Formen müssen einzeln erfragt werden.

G *33. Spiel:* „Klotz verstecken.“ Das Spiel 32 nimmt Bezug auf eine lebensnahe Situation. Verkaufsgespräche sind den Kindern bekannt. Das ist an Formulierungen, die im Spiel vorkommen, erkennbar. Die Bedeutsamkeit dieser Art von Lebensnähe für eine mathematische Bildung wird gegenwärtig immer stärker in Frage gestellt. Wir wollen deshalb das Verkaufsspiel in ein formales Fragespiel abwandeln. Jetzt kommt es darauf an, mit möglichst wenig Fragen den versteckten Klotz zu bestimmen. Die Strategie dieses Fragens müssen die Kinder erst lernen. Sie werden im Spiel 33 nicht mit Inhalten aus dem Verkaufsleben belastet,

sondern bleiben im überschaubaren Bereich der Klotzmenge, für die allein 11 den Sinnen zugängliche Merkmale Bedeutung haben. Es ist ratsam, zuerst alle Klötze auf den Boden zu legen. Die Kinder sitzen im Kreis um die Klötze. Zunächst haben sie den Rücken zu den Klötzen gewandt und schließen die Augen. Ein Klotz wird von einem Kind entnommen und in einem Beutel o. ä. versteckt. Welcher ist es? Die Antwort darf zunächst geraten oder durch Ordnen der Klötze gefunden werden. Es ist wichtig, die Spiele möglichst frei anzuspielen. Die Bindung an Regeln sollte erst an günstigen Stellen der Anlaufsituation vorgenommen werden. Das gilt für fast alle Spiele. Spaß macht es, wenn die Kinder, die durch Ordnen der ausliegenden Klötze die Antwort suchen, damit überrascht werden, daß man beispielsweise alle kleinen, dünnen, roten Klötze versteckt. Das Fehlen einer solch charakteristischen Teilmenge verwirrt einige Kinder.
Nach diesem Anspielen dürfen die Klötze nicht mehr berührt werden. Es werden nur noch Fragen nach den Merkmalen und Antworten mit „ja“ und „nein“ erlaubt, um den fehlenden Klotz zu bestimmen. Dabei ist durchaus nicht selbstverständlich, daß alle Kinder sofort erkennen, daß die Anzahl der notwendigen Fragen zwischen 4 und 7 liegt. Das Spiel 37 wird später vernünftige Strategien beim Fragen sinnenhaft zugänglich machen.

34. Spiel: „Das Straßenspiel.“ Alle Klötze sind Häuser. Teilmengen von Klötzen mit gleichen Merkmalen bilden ein Dorf. Der Name des Dorfes wird von dem charakteristischen Merkmal bestimmt. Jetzt werden die Dörfer durch Straßen (Wollfäden oder ähnliches Material) miteinander verbunden.
Abb. 37 zeigt mögliche Straßenzüge. Wir lassen nach dem Straßenbau Wegweiser (Merkmalkärtchen) an Gabelungen und Kreuzungen aufstellen. Selbstverständlich dürfen Pläne von unseren Straßenplanern vorher auf Papier skizziert werden. Die Möglichkeiten für Wegestrukturen bei vier Dörfern (Form) werden noch interessanter. Nur zwei Dörfer gibt es bei Dicke und Größe. Zuweilen kommen die Kinder auch auf den Gedanken, auf verschiedenen Seiten der Straße nach Dicke oder Größe die Häuser zu ordnen. Andere Kinder teilen das Dorf in Klein-rund-Dorf und Groß-rund-Dorf. Der Phantasie sollen keine Grenzen gesetzt werden. In den Dörfern soll allerdings kein Straßennetz liegen. Alle Häuser liegen an der Hauptstraße.

Abb. 37

P *35. Spiel:* „Wir suchen den Weg zu den Aussichtstürmchen." Der Erwachsene stellt 12 Aussichtstürmchen aus jeweils vier Klötzen gleicher Form und Farbe auf (Abb. 38). Dann zeigt er das Wegenetz auf einer Skizze. Jetzt legen alle Kinder gemeinsam nach der Skizze die entsprechenden Bänder (Tesakrepp o. ä.). Schließlich stellen sie Wegweiser (Kärtchen) auf.

Abb. 38

Zeige den Weg zum blauen Dreieckturm! Ausgangspunkt ist immer die Hauptstraße. An den Weggabelungen müssen wir uns entscheiden. Einige Wege kommen *nicht* in Frage. Wir beschreiben die einzuschlagende Richtung (rechts, links, Mitte). Bei der Beschreibung geht der Finger (Spielzeugauto o. ä.) den Weg entlang. Wer läuft falsch und muß zurück? Vielleicht sind einige Kinder nur in der Lage, den Weg mit dem Finger entlang zu fahren. Das Beschreiben üben wir. Es ist nicht einfach, links und rechts zu unterscheiden.

Abb. 39 Nun suchen wir ein neues Wegenetz für die Türmchen (Abb. 39). Die Türmchen müssen jetzt versetzt werden. Die Abfolge der Farbe und Form soll immer gruppenweise gleich bleiben, wie die Abbildungen 38 und 39 zeigen. Es liegen Erfahrungen über genaue Farb- und Formmuster aus den Spielen 3 und 11 vor. Das Wegenetz wird noch komplizierter, wenn wir zusätzlich zum Beispiel noch nach der Dicke gabeln. Es kann auch einfacher entworfen werden, indem zum Beispiel die Türmchen nicht nach der Farbe, sondern nur nach Form und Dicke unterschieden werden.

G *36. Spiel:* „Wo ist das Geld versteckt?" Die Kinder stellen Türmchen auf und legen Wege an, wie es zum Beispiel die Abbildungen 38 und 39 zeigen. Jetzt erzählt der Erwachsene eine Geschichte, in der ein Dieb Geld in einem der Türme versteckt hat. Der Dieb wird von der Polizei gefangen und muß einen Polizeibeamten zu dem Turm führen, in dem das Geld versteckt liegt. Der Dieb ist sehr wortkarg und antwortet nur mit „Ja" oder „Nein". Das Gespräch wollen wir mit Blick auf Abb. 39 kurz skizzieren: Ist die Farbe des Turmes rot? „Nein!" Gelb? „Ja!" Ist es der runde Turm? „Nein!" usw. Vor dem Gespräch hat der Dieb ein Papierschnitzel unter den entsprechenden Turm gelegt. Auf diese Weise kann kontrolliert werden, ob das Fragespiel fehlerfei geführt wurde. Findet der Polizist das Papierschnitzel nicht, sind Fehler gemacht worden und das Spiel muß wiederholt werden.

37. Spiel: „Das Wegenetz für alle 48 Klötze." Es wird mit diesem Spiel beabsichtigt, für die Struktur des Fragespiels 33 nach den Erfahrungen aus den Spielen 34 bis 36 ein anderes Modell aufzuzeigen. Vielleicht erkennen die Kinder die gemeinsame Struktur der Spiele 33 und 37. Alle 48 Klötze sind jetzt Türme. Wir suchen gemeinsam nach Wegenetzen. Es wird zunächst notwendig sein, die Anzahl der Türmchen des Spiels 35 zu vergrößern. Man könnte in einem ersten Schritt die kleinen von den großen Klötzen trennen. An allen 12 Endpunkten der Weggabelungen von Abb. 38 müssen jeweils zwei Wege angesetzt werden. An die neuen Endpunkte kommen Türmchen mit zwei Klötzen. Beide haben gleiche Merkmale: Farbe, Form, Größe. Nur die Dicke ist unterschiedlich. Auch diese kann in einem weiteren Schritt Beachtung finden. Die Gesamtwegestruktur sieht dann so aus, wie es Abb. 40 zeigt. Wird jetzt in entsprechender Weise wie im Spiel 36 vorgegangen, dann stimmt das Polizeispiel für Abb. 40 mit dem formalen Fragespiel überein. Die Struktur ändert sich mit der Reihenfolge der Fragen. Abb. 40 zeigt die Struktur für Fragen nach folgenden beiden Abfolgen: 1. Folge: Form, Farbe, Größe, Dicke. 2. Folge: Form, Farbe, Dicke, Größe. Abb. 40
Wie sieht das Bild für andere Abfolgen der vier Merkmalgruppen aus? Es kann auch nur mit Klötzen einer Form oder einer Farbe gespielt werden, wenn die Diskussion für die Gesamtmenge zu schwierig ist.
Während beim Spiel 33 die Kinder eine günstige Fragestrategie suchen sollten, werden in diesem Spiel 37 anschaulich sinnvolle Fragewege aufgezeigt. Mit minimal vier und maximal sieben Fragen hat man einen Klotz bestimmt. Die Abfolge der Merkmalgruppen ist dabei gleichgültig. Abb. 40 zeigt vier Weggabeln auf dem Weg zu einem Klotz, d. h. durch vier Merkmale ist ein Klotz bestimmt.
Ergibt jede Frage nach den Klotzmerkmalen ein Ja (+), dann liegt der Minimalfall vor: rund (+), gelb (+), groß (+), dünn (+). Der Maximalfall enthällt sieben Nein (—): quadratisch (—), dreieckig (—), rechteckig (—), rot (—), blau (—), klein (—), dick (—). Alle übrigen Fälle enthalten Ja und Nein.

38. Spiel: „Die Zielfahrt." Alle 48 Klötze sind Fahrzeuge. Die Klötze dürfen allerdings nicht auf jeder Straße fahren. Es ist alles genau vorgeschrieben. Abb. 41 zeigt den Straßenplan mit den Abb. 41

Merkmalkärtchen als Wegweiser. Es gibt vier Ziele. Wo werden die einzelnen Klötze ankommen? Ist das Fahrzeug rot oder nicht-rot, das ist an der ersten Gabelung zu klären. Die nächste Entscheidung heißt dreieckig oder nicht-dreieckig. Beispielsweise fahren alle roten Quadrate bis zum Ziel 2. Das gelbe Rechteck erreicht Ziel 4. Es muß immer zuerst die Farbe und dann die Form beachtet werden. Das Spiel wird am besten so durchgeführt, daß die Klötze wirklich geschoben werden. Sobald ein Klotz am Ziel ist, holt sich das Kind einen neuen Klotz.

Im Sommer kann das Spiel im Freien gespielt werden. Die Straßen mit den Schildern werden angelegt. Die Kinder nehmen Klötze in die Hand und sind dann selbst ein Fahrzeug. Die Fahrt kann länger werden, wenn die Fahrzeuge nach den bisherigen Zielen noch eine weitere Gabelung (dick – nicht-dick) durchfahren müssen. Jetzt ist immer noch eine weitere Gabelung möglich (groß – nicht-groß). Insgesamt sind dann vier Entscheidungen beim Fahren zu treffen: 1. Farbe, 2. Form, 3. Dicke, 4. Größe. Abb. 42 zeigt das Gesamtwegenetz. Wegweiser können entsprechend aufgestellt werden. Es muß nur immer *eine* Farbe, *eine* Form, *eine* Dicke und *eine* Größe für die Kärtchen ausgewählt werden.

Abb. 42 Beispielsweise könnten sich auf das Wegnetz von Abb. 42 die Fahrzeuge auch wie folgt verteilen: Erste Gabelung: dünn – nicht-dünn; zweite Gruppe von (zwei) Gabelungen: rot – nicht-rot; dritte Gruppe von (vier) Gabelungen: groß – nicht-groß; vierte Gruppe von (acht) Gabelungen: rund – nicht-rund. Immer werden die Klötze am Ziel abgelegt. Solange noch Klötze da sind, beginnt eine neue Fahrt mit einem anderen Klotz.

In den Fahrpausen betrachten wir die einzelnen Teilmengen von Klötzen an den Zielen. In Abb. 41: 1. Ziel: rot und dreieckig, 2. Ziel: rot und nicht-dreieckig, 3. Ziel: nicht-rot und dreieckig, 4. Ziel: nicht-rot und nicht-dreieckig.

Diese eben gegebene Charakterisierung der Teilmengen ergibt sich beim Nachfahren der Wege, die die Klötze durchlaufen haben. Wir prüfen jede der vier Teilmengen. In Abb. 42 gibt es am Ziel 16 Teilmengen. Die Charakterisierung jeder einzelnen Teilmenge erfolgt wieder durch Entlangfahren des gesamten Weges. Vier Merkmale bzw. verneinte Merkmale treffen für jeden einzelnen Klotz einer solchen Teilmenge zu. Übrigens liegt dort nur *ein* Klotz, wo die Teilmengen durch vier Merkmale ohne Verneinung charakterisiert werden. (Die Mathematiker sprechen auch dann von einer Menge, wenn sie nur *ein* Element hat.)

* *39. Spiel:* „Neue Kästchenordnung." Bei diesem Spiel soll das Koordinatenprinzip in neuer Weise Anwendung finden. Die Ordnungsspiele führten auf dieses Prinzip. Jetzt soll mit Verwendung der Negation von Merkmalen dieses Prinzip erneut für die Ordnung der Klötze in Kästchen gefordert werden. Abb. 43 zeigt vier Kästen (Körbchen o. ä.). Die Zahlen geben den Erwachsenen nur Hinweise, wie viele Klötze im Kasten liegen, wenn das Prinzip für die Ordnung genau beachtet wird. Abb. 43
Erfahrungen aus den Spielen 26 bis 28 müssen aktiviert werden. Die Wiederholung dieser Spiele ist notwendig für die Kinder, die die Aufforderung zu einer ganz bestimmten Ordnung für das Verteilen der Klötze durch die ausgelegten sechs Kärtchen nicht verstehen. Jedes Merkmal bzw. jede Verneinung eines Merkmals gilt für die Klötze der entsprechenden Reihe. Bei den Reihen unterscheiden wir wieder Spalten und Zeilen. In der ersten Spalte von Abb. 43 stehen zwei Kästen, die nur rote Klötze aufnehmen dürfen. Gleichzeitig muß aber für die roten Klötze beachtet werden, daß die dreieckigen Klötze von den Klötzen zu trennen sind, die nicht-dreieckig sind. Diese Trennung der Formen gilt für die Ordnung in den Zeilen. Kinder, die Schwierigkeiten haben, sollen einfache Matrixspiele wiederholen (Spiel 23), dann Kärtchen so legen, wie es die entsprechende Matrix vorschreibt (Spiel 26).
Das Spiel 39 könnte beispielsweise so begonnen werden, daß die vier Kästchen dastehen und über mögliche Ordnungen aller 48 Klötze diskutiert wird. Naheliegend ist die Verteilung nach der Form. Nun verlangen wir eine ganz bestimmte Ordnung. Wer kann diese Ordnung aus den sechs Kärtchen erraten? Wo liegt das Kärtchen? Bei diesen Überlegungen kommt vielleicht der Gedanke, daß im Spiel 38 ja in ähnlicher Weise geordnet wurde. Die Klotzmengen bei der Zielfahrt und die Klotzmengen beim neuen Kästchenspiel stimmen entsprechend überein. Sollten Kinder diesen Vergleich nicht von allein führen, könnte man ihn dadurch provozieren, daß man die Spiele 38 und 39 gleichzeitig von mehreren Gruppen durchführen läßt.
Die Kinder suchen später zu zwei beliebigen Merkmalen und ihren Negationen die vier Teilmengen. Möglich sind folgende Fälle, die zum Urerlebnis des mathematischen Begriffes *leere*

Menge führen. Abb. 44 zeigt die Ergebnisse von gewissen Gruppierungen der Merkmalkärtchen, die Kinder manchmal stutzen lassen. Es bleiben ein oder mehrere Kästen leer! Das ist selbstverständlich, denn gleichzeitig können niemals an einem Klotz die Merkmalkombinationen (dick und dünn, nicht-dick und nicht-dünn, rot und gelb) auftreten. Wir können also Teilmengen charakterisieren, die keinen einzigen Klotz haben. Der Mathe-
Abb. 44 matiker nennt eine solche Menge „leere Menge". Das Symbol dafür ist $\emptyset$. Klötze, die nicht-gelb und nicht-rot sind, sind blau. Klötze, die nicht-gelb und rot sind, sind rot. Kinder sind zuweilen schneller im Auffassen als Erwachsene. Mit naiver Sicherheit erspüren sie das Richtige. Das Spiel 39 läßt Kinder lange beschäftigt, wenn sie immer wieder neue Kombinationen von Kärtchen wählen.

3. *Transformationsspiele*

Die Spiele sollen durch die Verwendung einer neuen Operation, die wir mit einem Pfeil symbolisieren, noch abwechslungsreicher gestaltet werden. Wir fordern die Kinder zu einem reizvollen Partnerspiel auf. Diese Spiele bereiten keine großen geistigen Anstrengungen. Sie setzen allerdings ganz gewisse soziale Verhaltensformen voraus, die beim Spiel „Erwachsener – Kind" ohne Problematik sind. Spielen gleichaltrige Kinder miteinander, dann ergeben sich erfahrungsgemäß Schwierigkeiten. Der Auswahl der Paare sollte deshalb besonderes Augenmerk geschenkt werden. Es gibt viele Möglichkeiten, zu Meinungsverschiedenheiten zu kommen. Bedeutsam sind natürlich die Differenzen, die als Abweichungen von den verabredeten Spielregeln von einem oder beiden Spielpartnern erkannt werden. Die Kinder sollen das lernen, was wir Sachlichkeit nennen. Wie schwer fällt es auch uns Erwachsenen, in gewissen Situationen ein sachliches Argument des Gesprächspartners ruhig anzuhören, dann entweder zuzustimmen oder eine logisch geordnete Kette von Gegenargumenten bei einer Ablehnung zu knüpfen. Auf die hier angedeuteten Möglichkeiten einer Sozialerziehung sei mit Nachdruck verwiesen, wenn wir jetzt Spiele besprechen, bei denen immer zwei Kinder zusammenspielen. Gibt es an einem Tisch heftigen Meinungsstreit, dann sollte der Erwachsene nicht sofort eingreifen. Wenn wir zur Sachlichkeit in der Auseinandersetzung erziehen wollen, darf unser Einschreiten nicht auf das Herstellen von Ruhe durch blinden Befehl, sondern muß zu einer auf beide Kontrahenten abgestimmten Überzeugung führen.

P *40. Spiel:* „Wir verteilen gerecht." Beim ersten Partnerspiel soll jedes Kind gleich viele Klötze erhalten [1]. Nach welchem Merkmal muß also verteilt werden? Die Kinder finden vielleicht Antworten: „Größe oder Dicke". Bei jedem neuen Spiel geben wir nicht einfach die Spielregeln, sondern entfalten die Problematik. Es ist hier bereits möglich, auf einen Mächtigkeitsvergleich von Mengen zu kommen. Immer, wenn Eva einen dicken Klotz nimmt, ergreift Klaus einen dünnen Klotz. Dieses Verteilen ist ganz gerecht. Es ist bereits das erste Spiel der neuen Serie. Die Klötze sollen in zwei Reihen liegen bleiben, wie es Abb. 45 darstellt.
Sollten die Kinder nach der Farbe verteilen wollen, dann führen wir diese Verteilung durch. Eva nimmt alle roten Klötze, Klaus Abb. 45
alle blauen Klötze. Wir legen sie schön nebeneinander. Wenn Eva den letzten roten Klotz hinlegt, hat Klaus auch nur noch einen blauen Klotz. Was machen wir mit den gelben Klötzen? Jeweils ergreifen beide Kinder einen Klotz und legen die Reihe weiter. Es geht genau auf. Wir können also gerecht verteilen, wenn wir die Klötze so einander zuordnen (genau gegenüberlegen). Das Zählen ist für gerechtes Verteilen gar nicht verlangt. Wir erlauben es selbstverständlich, wenn Kinder ihre Leistung hier zeigen wollen. Wer nicht zählen kann, stellt durch umkehrbar *eindeutiges Zuordnen,* wie der mathematische Fachausdruck lautet, fest, oder ob jeder gleichviel hat. „Wenn ich die runden Klötze und die dreieckigen Klötze heraussuche, und du nimmst den Rest, dann hat jeder gleichviel Klötze." So könnte vielleicht Eva sagen. Die Zahl 24 bezeichnet die Mächtigkeit der Menge von Klötzen, die Eva genommen hat. Klaus bleibt die Restmenge von Klötzen. Diese Menge hat auch die Eigenschaft 24. *Zahlen sind Eigenschaften von Mengen.* Die Klötze gleicher Farbe bilden je eine Menge. Jede der drei Mengen hat die Eigenschaft 16. Mit den Transformationsspielen üben wir das eindeutige Zuordnen. Dabei wechseln wir jeweils die Vorschriften für dieses Zuordnen.

P *41. Spiel:* „Eine Klotzreihe genau nachbauen." Das Spiel 40 ist als Vorbereitung auf dieses Spiel aufzufassen. Während dort das

[1] Ein Vorverständnis von „gleichviel" liegt meist vor. Es soll hier weiterentwickelt werden.

Zuordnen Klotz für Klotz ohne Beachtung der Merkmale erfolgte, sollen hier im Spiel 41 jeweils drei Merkmale gegenüberstehender Klötze gleich sein. Wenn wir die 48 Klötze nach der Größe verteilen, erhält jeder Spieler 24 Klötze. Die Größe ist dann das einzige unterschiedliche Merkmal.

Angenommen, Eva und Klaus spielen wieder zusammen. Eva habe die großen, Klaus die kleinen Klötze. Ein Kind baut vor,
Abb. 46 das andere baut nach, dann wird gewechselt. Abb. 46 zeigt, was Eva in beliebiger Reihenfolge ausgelegt hat. Klaus achtet darauf, daß die Farbe, Form und Dicke Klotz für Klotz übereinstimmen. Eva kontrolliert, ob es Klaus immer richtig macht. Wenn nun Eva Fehler übersieht? Bis zum Spielende klärt sich alles auf! Wie ist das möglich?

Es gibt sehr wenig Kinder, die dieser Frage durch ein gedankliches Vorwegspielen nachgehen können. Fast alle sind zunächst überfordert. Falls der Leser dieses Spiel nicht kennt, kann er prüfen, ob er in der Lage ist, alle auftretenden Möglichkeiten im Nachbildungsspiel gedanklich vorwegzunehmen. Es ist erstaunlich, wie gut Kinder nach Erfahrungen mit vielen Spielen lernen, Möglichkeiten gedanklich durchzuspielen. Wir wollen mit der noch offenen Frage als Beispiel darauf hinweisen, Denkforderungen dieser Art den Kindern zu stellen. Nur das entfaltet sich im kindlichen Geist, was ständig gefordert wird. Mit viel Geduld und Einfühlungsvermögen gelingt es uns, auch den Kindern zu helfen, die aus irgendwelchen Gründen bisher nicht genügend Entwicklungsreize erhalten haben.

Das Spiel 41 hat interessanterweise einen selbstkorrigierenden Effekt. Wenn Eva Fehler von Klaus übersieht, dann findet Klaus für eine andere Stelle der Schlange in dem Resthaufen nicht den geforderten Klotz (gleiche Form, Farbe, Dicke). Es ist pädagogisch von besonderer Wichtigkeit, wie die Erwachsenen reagieren, wenn Kinder ein Problem erkennen, aber nicht zu lösen vermögen. Lösungshilfen sind nur dann erzieherisch wertvoll, wenn sie
Abb. 47 in der rechten Steuerung kindlicher Aktivität bestehen. Abb. 47 zeigt als Beispiel eine hier diskutierte Problemsituation.

Klaus findet im Resthaufen nur einen einzigen runden Klotz, der wohl blau, aber nicht dick ist. Was ist zu tun? Die Erwachsenen fragen – oder selbst nachdenken? Die entscheidende Frage ist: Wo liegen überall runde, blaue Klötze? *Nur* an diesen Stellen muß überprüft werden. Wer die ganze Schlange von vorn Klotz für Klotz prüft, der hat nicht gut überlegt. Der Fehler ist beim ersten Paar gemacht worden (Abb. 47)[2].

P *42. Spiel:* „Merkmalwechsel der Klotzreihen." Jetzt sollen die Nachbildungsspiele behandelt werden, die zusätzlich Merkmalwechsel verlangen. Im Spiel 41 ist ein einziger Merkmalwechsel mit der Verteilung vorweggenommen. Nun soll dieser Wechsel als Spielregel besonders formuliert werden. Für die Symbolisierung des Wechsels müssen wir Kärtchen mit Pfeilen beschriften. Die Abbildungen 48 a, b, c) sind folgendermaßen zu verstehen: Abb. 48

Abb. 48 a) Wenn der eine Spieler einen blauen Klotz setzt, muß der andere Spieler mit einem roten Klotz nachziehen.

Abb. 48 b) Wenn rot gesetzt wird, muß mit blau nachgezogen werden.

Abb. 48 c) Wir sparen Kärtchen ein, wenn wir so symbolisieren, wie es in dieser Abbildung zu sehen ist.

Da über die Farbe Gelb nichts ausgesagt wird, wechseln wir sie nicht. Das Spiel wollen wir aber zunächst nur mit den nicht-gelben Klötzen (sie sind also rot oder blau) spielen.

Wir verteilen wieder an zwei Kinder entweder nach der Dicke oder nach der Größe und lassen die gelben Klötze beiseite. Bei diesem Reihelegen muß also schärfer als bei Spiel 41 aufgepaßt werden.

Abb. 49 zeigt einen möglichen Spielanfang. Die Klötze sind nach der Dicke verteilt. Diesmal fängt Klaus an, Eva wechselt nach Vorschrift die Farben, achtet aber gleichzeitig darauf, daß Größe und Form übereinstimmen. Wir variieren, indem wir andere Farbwechsel vorschreiben. Abb. 49

P *43. Spiel:* „Alle Farben werden gewechselt." Wir steigern den Schwierigkeitsgrad. Die Farben sollen zyklisch (im Kreis) vertauscht werden. Es wird mit allen 48 Klötzen gespielt. Sechs Symbolkärtchen (Abb. 50) zeigen, was zu tun ist. Statt die Klötze in Reihen auszulegen, können wir sie auch übereinander- Abb. 50

[2] Der Pädagoge sieht, wo das Kind seiner Hilfe bedarf, weil er alle diese Möglichkeiten der Denkerziehung erkennt und beachtet. Wer allerdings 50 Kinder gleichzeitig betreuen muß, ist überfordert. Lehrer in einem 1. Schuljahr können jedoch dann die hier angesprochenen Nuancen beachten, wenn Kinder in Gruppen arbeiten. Die Spiele mit den Merkmalklötzen erlauben nach Leistungen abgestufte Gruppenarbeit.

setzen. Immer aber wird Klotz für Klotz beim Nachbauen der verlangte Farbwechsel eingehalten. Wer vorbaut, kann frei auswählen. Er hat nur zu kontrollieren, ob der Mitspieler richtig nachbaut. Es bleiben Form und Größe gleich, wenn nach der Abb. 51 Dicke verteilt wird. Abb. 51 zeigt den möglichen Verlauf des Spieles 43. Selbstverständlich korrigieren sich Fehler hier auch so, daß im weiteren Spielverlauf plötzlich passende Klötze fehlen. Das Suchen nach dem Klotz, der falsch liegt, ist etwas schwieriger.

P *44. Spiel:* „Alle Formen werden gewechselt." Jetzt sollen alle Abb. 52 vier Formen so gewechselt werden, wie das auf Abb. 52 zu sehen ist. Acht Kärtchen werden gebraucht. Wir verteilen an zwei Spie- Abb. 53 ler entweder nach Größe oder Dicke. In Abb. 53 ist nach der Größe verteilt. Außerdem ist der Spielanfang aufgezeigt. Gleich bleiben Dicke und Farbe.

P *45. Spiel:* „Alle Formen sind im Spiel – nur einige werden gewechselt." Die ausgelegten Merkmalkärtchen sagen dem Kind, was zu tun ist. Wir spielen mit allen 48 Klötzen, die nach der Abb. 54 Dicke verteilt sind. Ist nur der Wechsel nach Abb. 54 verlangt, dann ist über dreieckige und runde Klötze nichts ausgesagt. Was ist zu tun? Diese Formen werden nicht gewechselt. Es sind also jetzt einige Formen konstant zu lassen und andere zu wechseln. Abb. 55 Den Spielanfang zeigt Abb. 55.

Die Regeln für den Merkmalwechsel bei den Spielen 42 bis 45 sollten ständig variiert werden. Beim Zuordnen zweier Klötze wird das konzentrierte geistige Einstellen auf formale Regeln der Merkmalzuordnung gefordert. Das Training dieser speziellen geistigen Beweglichkeit fördert die Zuwendungsbereitschaft zu elementaren mathematischen Problemen, eine Bereitschaft, die über das Training von Normalverfahren beim traditionellen Rechenunterricht nicht erreichbar ist. Bedeutsam ist auch die Pflege eines allgemeinen Symbolverständnisses.

*P *46. Spiel:* „Kombinieren mehrerer Merkmalwechsel." Für dieses Spiel werden zwei Kästen Merkmalklötze gebraucht. Wenn jeder der beiden Spieler 48 Klötze verfügbar hat, können die Anforderungen wesentlich erhöht werden. Es gibt Kinder, die solche Abb. 56 Schwierigkeitssteigerungen wünschen. Abb. 56 zeigt den verlangten Wechsel aller Merkmale. Man erkennt sofort, daß zwei

Kästen Klötze notwendig sind[3]. In Abb. 57 ist der Spielanfang zu sehen. Das gleichzeitige Beachten des Merkmalwechsels bei Form, Farbe, Größe und Dicke ist eine Konzentrationsübung, die wir nicht von allen Kindern fordern. Abb. 57

G *47. Spiel:* „Einige Klötze liegen falsch – wer findet sie?" Wir lassen die Spiele 42–46 spielen. Nach vorschriftsmäßigem Auslegen aller Klötze werden einige Klötze absichtlich vertauscht. Die Kinder bleiben am Tisch sitzen. Ein Kind kommt als Detektiv an den Tisch und muß die vertauschten Klötze finden. Die ausliegenden Merkmalkärtchen sagen ja, welche Merkmalwechsel vorzunehmen sind. Der Detektiv prüft, wo diese vorgeschriebenen Wechsel nicht beachtet sind.

G *48. Spiel:* „Wer entdeckt die Regeln für den Merkmalwechsel?" Alle Möglichkeiten, Spiele umzukehren, sollten genutzt werden. Für die Spiele 42–46 liegt es nahe, die geistige Beweglichkeit durch solche Umkehrung in reizvoller Weise herauszufordern. Wird an mehreren Tischen gespielt, dann läßt man sich die beiden zugeordneten Klotzreihen und die durch ausgelegte Kärtchen symbolisierten Vertauschungsregeln, die die Kinder selbständig variieren, zeigen. Hat man sich unter Mithilfe der Kinder von der Fehlerfreiheit überzeugt, läßt man die Kärtchen wegräumen, aber die beiden Klotzreihen stehen. Die Kinder wechseln die Tische und suchen durch Betrachten der Klötze nach den Vertauschungsregeln, die maßgeblich für das Auslegen waren.
Die kleinen Detektive gehen verschieden vor. Nicht jedes Kind kann dieses Rätsel lösen. Wer fragt, wie er denn vorgehen müsse, um die Vertauschungsregeln zu finden, den haben wir noch nicht zu der Haltung erzogen, die wir beim Problemlösen wünschen. Die geistige Selbständigkeit äußert sich gerade darin, daß alle bisherigen Erfahrungen mobilisiert werden, die das Rätsel zu lösen gestatten. Angenommen, es lägen die Klötze so, wie es Abb. 58 zeigt. Aus blau wird gelb, aus gelb wird rot und aus rot wird blau, das kann mit Blick allein auf drei Klotzpaare sofort erkannt werden. Ein Klotzpaar wird frei gewählt (zum Beispiel das erste mit den runden Klötzen). Von allen übrigen Paaren interessiert nur das, welches die Farbe angibt, in die von Gelb her übergewechselt wird. Also ist das zweite Paar uninteressant, während Abb. 58

[3] Bei nur einem Kasten gelingt zuweilen die Zuordnung nicht. Wie können diese Störungen beseitigt werden?

das dritte das gestellte Problem löst. Nun muß nur noch geprüft werden, ob der Zyklus sich jetzt von rot nach blau schließt. Die Kontrolle erlaubt beispielsweise das fünfte Paar. Diese Denkstrategie dürfen wir nicht bei den ersten Lösungsversuchen erwarten. Sie ist das Ergebnis eines Lernprozesses. Keinesfalls darf es in irgendeiner Weise vom Erwachsenen dem Kinde „vorgesagt“ werden. Das Kind soll immer möglichst alles selbst finden, und der Erwachsene darf dann natürlich mit Hilfen nur im Sinne von Denkanstößen kommen. Wir lassen Spiele wiederholen, um alte Erfahrungen, die für die Problemlösung wichtig sind, zu aktivieren. Wenn wir etwas erklären, schieben wir die Klötze entsprechend. Verbales Erläutern ohne gleichzeitiges Tun, dessen Ergebnisse sichtbar werden, hat für viele Kinder keinen oder nur geringen Informationswert. Sobald das Interesse nachläßt, soll zu vertrauten Spielen übergegangen werden. Die Kinder müssen bei ihrem Spielen immer wieder Erfolge erzielen können, weil eine Kette von Mißerfolgen bei fast jedem Kind die Anstrengungsbereitschaft erlahmen läßt. In diesem Sinne ist praktische Pädagogik eine Kunst, die nur in realen Erziehungssituationen erlebt werden kann. Die Meisterschaft zeigt sich beispielsweise in der Differenzierung der Forderungen an die einzelnen Kinder.

*G *49. Spiel:* „Wer hat vor- und wer hat nachgebaut?“ Kinder, die keine Schwierigkeiten mit dem Spiel 48 haben, könnten wir zu einem recht anspruchsvollen Problem führen. Wir betrachten die
Abb. 59 beiden Reihen von einander zugeordneten Klötzen, die Abb. 59 zeigt. Es ist bekannt, welche Reihe Eva und welche Klaus gelegt hat. Wer hat aber nun vorgebaut und wer hat nachgebaut? Wir könnten Klaus fragen, aber er verrät es nicht. Kann das überhaupt festgestellt werden? Nach einiger Zeit kommt vielleicht die Lösung: Wenn Eva angefangen hat, dann wird blau in rot gewechselt. Wenn aber Klaus angefangen hat, dann wird rot in blau gewechselt. Es wird dabei auf die Klötze gezeigt, oder die Farbkärtchen mit den Pfeilen werden entsprechend gelegt. Die Verwendung der Sprachform „wenn ... dann ...“ setzt das Erfassen einer logischen Beziehung voraus, die wir *Implikation* nennen. Es ist durchaus möglich, daß Kinder aus den Erfahrungen mit den Spielen spontan diese Beziehung entdecken. Vielleicht verwenden sie zunächst nicht die beiden Wörtchen, aber sie übernehmen sie rasch, weil ihnen die logische Beziehung vertraut ist.

Das Umgehen mit den logischen Blöcken steigert das Denken und dieses wiederum drängt nach differenzierterem sprachlichen Ausdruck. Mit der Sprachform „wenn – dann" beschreiben wir die beiden möglichen Farbwechsel, die je nach der Setzung „Eva hat angefangen" oder „Klaus hat angefangen" zutreffen. Wir wollen dieses schwierige Problem vielen Kindern durch leichtere Spiele zugänglich machen. Der geometrische Begriff des Umlaufsinnes, der hier hineinspielt, kann entdeckt werden. Das zeigte bereits Spiel 13. Wir wollen ähnliche Spiele wieder aufgreifen und vor allem den Zusammenhang mit dem Zeigerumlauf der Uhr herstellen.

G *50. Spiel:* „Wer muß als Nächster einen Klotz setzen?" Drei Kinder sitzen an einem Tisch und haben Klötze gleicher Farbe vor sich liegen. Ein viertes Kind darf jetzt nicht zuschauen, wenn die Kinder am Tisch genau der Reihe nach jeweils einen Klotz ansetzen, um eine Farbschlange zu legen. Das Anlegen wird unterbrochen und das vierte Kind soll erstens sagen, wer als Nächster setzen muß, und zweitens in der Richtung um den Tisch laufen, in der die Klötze angesetzt worden sind. Es gibt also zwei Drehrichtungen oder Umlaufrichtungen, wie Spiel 50 nach dem ersten Kennenlernen im Spiel 13 erneut zeigt. Abb. 60 Abb. 61

In welcher Richtung laufen die Zeiger einer Uhr? Wir legen eine Uhr auf den Tisch und beobachten die Umlaufrichtung. Wer es erkennt, läuft in dieser Richtung um den Tisch herum. Das Spiel 50 verlangt den Bezug auf diese Uhrzeigerrichtung. Laufen wir wie die Zeiger einer Uhr, dann heben wir beim Umlaufen des Spieltisches beide Arme. Die Arme sollen an die Zeiger erinnern. Müssen wir entgegengesetzt zum Uhrzeigersinn laufen, lassen wir die Arme unten.

Haben wir bisher die Transformationsregeln auf das paarweise Zuordnen der Klötze angewendet, so sollen jetzt ganze Figuren, also eine Klotzgruppe, transformiert werden. Für die Geometrie werden hier Ersterfahrungen gesammelt, auf die wir später zurückgreifen können.

51. Spiel: „Das Lokomotivenspiel." Wir legen eine Lokomotive aus sechs blauen Klötzen, wie es die Abb. 62 darstellt. Jetzt wird der Farbwechsel verlangt. Es entstehen zwei Lokomotiven, die eine rot, die andere gelb, bei denen aber alle Klötze in der Form, Abb. 62

Größe und Dicke entsprechend übereinstimmen. Der Farbwechsel wird mit Merkmalkärtchen ausgelegt.
Das Spiel kann dadurch variiert werden, daß von anderen Figuren ausgegangen wird. Ein Merkmal wird jeweils gewechselt. Man transformiere beispielsweise Figuren von Abb. 1.

* *52. Spiel:* „Der Lokomotivenvergleich." Wird außer der Farbe auch die Dicke geändert, dann bleiben die Transformationen noch überschaubar. Es darf nicht vergessen werden, die Regeln für die Merkmalwechsel mit Kärtchen auszulegen. Beim Wechsel der Größe ist die transformierte Lokomotive ein ulkiges Gebilde.
Abb. 63 Was da entsteht, reizt zum Lachen. Der Schornstein schwebt in der Luft. Die Räder sind größer als der Körper der Lokomotive. Vielleicht werden hier Assoziationen geknüpft.
Auf den Jahrmärkten gibt es besondere Spiegel, die den Betrachter in spaßiger Weise völlig verändern. Das alles sind wertvolle Grunderfahrungen, die später im Geometrieunterricht systematisch untersucht werden. Es heißt dann beispielsweise, „die Ellipse ist das affine Bild des Kreises".
Im Spiel 52 sollen vor allen Dingen verschiedene transformierte Lokomotiven miteinander und der ursprünglichen Lokomotive verglichen werden. Bei diesem Vergleich kommt es darauf an, die Merkmalwechsel zu erkennen und mit Kärtchen zu symbolisieren. Es wird auch gefragt, wie die Veränderungen rückgängig gemacht werden können. Wer nur einen Kasten Klötze besitzt, kann seine Phantasie nicht voll ausspielen lassen, weil nicht alle geplanten Wechsel durchgeführt werden können. Es empfiehlt sich daher der Einsatz von zwei Kästen. Statt der Lokomotive kann natürlich jede andere einfache Figur entsprechend verändert werden. Intelligente Kinder treiben das Spiel meist auf die Spitze, wenn sie gleichzeitig mehrere Merkmalwechsel fordern. In Abb. 64 ist eine schwierige Transformation aufgezeigt. Die rote „Lokomo-
Abb. 64 tive" von Abb. 64, die wohl kaum noch als solche erkannt werden kann, in die gelbe Lokomotive von Abb. 62 zurückzuverwandeln, ist eine reizvolle Aufforderung. Liegen beide Gebilde da, dann ergibt der Vergleich entsprechend liegender Klötze die Regeln für den Merkmalwechsel.

G *53. Spiel:* „Figuren enträtseln." Das Spiel beginnt wie die letzten Spiele. Eine Figur wird gelegt und gewisse Merkmalwechsel werden verlangt, die durch Kärtchen symbolisiert werden. Ist die Transformation durchgeführt, wird die Ausgangsfigur weggeräumt. Jetzt besteht für die Kinder, die bisher nicht an diesem Tisch saßen, die Aufgabe darin, mit Hilfe der ausgelegten Merkmalkärtchen und der transformierten Figur auf die Originalfigur zu schließen. Die Problematik der Entschlüsselung ist für intelligente Kinder ein reizvolles Spiel. Es würden also die rote Figur und die Merkmalkärtchen von Abb. 64 daliegen. Die entschlüsselte Figur wäre die blaue Lokomotive. Es muß bei diesem Beispiel nur auf den Farbwechsel besonders geachtet werden. Form, Dicke und Größe sind so zu wechseln, wie es die Kärtchen angeben. Bei dem Wechsel der Farbe allein ist die Richtung umzukehren. Ulkige Figuren und die Merkmalkärtchen für das Entschlüsseln geben immer wieder neue Aufgaben, die gern gelöst werden.

4. Unterschiedsspiele

Bei der folgenden Gruppe von Spielen ist vorwiegend die Anzahl der Merkmalunterschiede zwischen den Klötzen zu beachten. Merkmalwechsel sind bei den Transformationsspielen bereits mit anderen Zielsetzungen geübt worden. Wir beginnen mit einem Spiel, das zuerst einmal die Gleichheit von Merkmalen herausstellen soll.

W *54. Spiel:* „Wer hat Klötze gleicher Form (Farbe, Dicke, Größe)?“ Ein Spielführer hebt *einen* Klotz hoch und fragt die Mitspieler, die alle im Kreis um ihn sitzen (stehen) und ebenfalls *einen* Klotz in der Hand haben: „Wer hat Klötze gleicher Form?“ Alle Kinder, die diese Klötze haben, legen sie vor sich ab. Sie dürfen aus dem Resthaufen einen neuen Klotz holen. Die übrigen Kinder müssen warten, bis sie bei den nächsten Fragen ablegen dürfen. Wer die meisten Klötze nach einem vollen Durchgang vor sich liegen hat, wird Spielführer. Bei gleicher Anzahl muß irgendwie ausgelost werden. (Wer hat die größere Zahl dicker Klötze? o. ä.) Das Spiel wird erschwert, wenn zwei oder drei Merkmale gleichzeitig übereinstimmen sollen. Die Forderung nach Klötzen mit gleicher Farbe, Dicke und Größe könnte eventuell gar nicht erfüllt werden, denn es gibt nur noch drei Klötze dieser Art unter den 48 Klötzen. Vielleicht liegen sie noch im Resthaufen.

GW 55. *Spiel:* „Für jeden Merkmalunterschied einen Schritt." Dieses Spiel ist für eine ganze Gruppe von Kindern in einem größeren Raum oder im Freien besonders geeignet. Jedes Kind der Gruppe holt sich einen Klotz und stellt sich so in eine Reihe, daß alle Kinder genau nebeneinander stehen. Günstig ist es, mit einem Strich oder einer ausgelegten Kordel die Standorte genau festzulegen. Ein Spielführer besitzt den Resthaufen von Klötzen. Er hebt einen Klotz hoch und nennt die vier Merkmale (Beispiel: gelb, rund, klein, dick). Jetzt darf jedes Kind einen Schritt für jeden Merkmalunterschied nach vorn tun. Beispiel: Das erste Kind sagt: „Einen Schritt für die Form und noch einen Schritt für die Farbe", wenn sein Klotz blau und dreieckig und klein und dick ist. Nun ist das zweite Kind an der Reihe. Es stellt die Anzahl der Unterschiede fest und nennt bei jedem Schritt die Merkmalgruppe (Oberbegriff). So geht es weiter, bis alle Kinder dran waren. Jeweils werden ein bis vier Schritte getan. Warum bleibt kein einziges Kind auf seinem Platz stehen? Fragen dieser Art sollte man, wenn möglich, immer wieder suchen. Mögliche Diskussion: 1. Kein Klotz gleicht dem anderen. 2. Das stimmt nicht, wenn wir mit 2 Kästen Klötze spielen, usw. Warum darf jedes Kind höchstens vier Schritte machen?
Das Spiel hat gewonnen, wer zuerst einen Zielstrich erreicht hat. Es ist recht spannend, wenn der Spielführer den nächsten Klotz heraussucht. Ist dieser neue Klotz günstig oder ungünstig für mich? Diese Frage aktiviert die Aufmerksamkeit.

56. *Spiel:* „Unterschiedsschlange (1)." Es werden alle Klötze als Schlange ausgelegt. Zwischen den Klötzen darf aber immer nur
Abb. 65 ein Merkmalunterschied sein. Ein Beispiel dieser Art gibt Abb. 65. Es wechselt nur die Farbe vom ersten zum zweiten Klotz (Form, Dicke, Größe bleiben gleich). Zwischen dem zweiten und dritten Klotz wechselt nur die Größe (Farbe, Form, Dicke bleiben gleich). Danach wechselt jeweils weiter: Dicke, Form, Farbe, Dicke, Farbe usw.
Alle Klötze können so aufgereiht werden. Dieses Spiel kann von einem Kind allein als Geduldsspiel durchgeführt werden. Beim Gruppenspiel könnte von jedem Mitspieler verlangt werden, daß er aus dem Gesamthaufen jeweils dann den passenden Klotz heraussucht, wenn er an der Reihe ist. Es geht reihum, bis der letzte Klotz ausgelegt ist.

Wir können bei Spiel 56 als Einzelspiel nach vielen Wiederholungen beobachten, daß Kinder nicht mehr planlos auswählen, sondern ein System für das Auslegen finden. Da vier Klötze gleicher Farbe, Dicke und Größe sich jeweils nur in einem Merkmal (Form) unterscheiden, legen sie in diesen Vierer-Abschnitten aus. Diese Teilpläne werden dadurch zu einem Gesamtplan koordiniert, daß zwischen den Abschnitten wegen eines neu hinzutretenden Wechsels eine entsprechende Merkmalübereinstimmung beachtet wird. Zwischen viertem und fünftem Klotz ist Formgleichheit beachtet, weil die Dicke wechselt. Die Koordinierung zwischen achtem und neuntem und 12. und 13. Klotz ist jeweils weiter so gewählt, daß der Teilplan des Vierer-Abschnittes immer realisiert werden kann. Die Übergänge zwischen den Farben sind nach dem gleichen Prinzip ermöglicht worden (Abb. 66). Experimentierendes Tun läßt Grundsätze erkennen, die mit Hilfe von gedanklichen Vorwegnahmen manuellen Tuns zu einem planvollen Auslegen von Anfang an führen. Solche selbstentdeckte Spielstrategien sind die Früchte unserer Spielpflege. In dieser Weise treiben wir Denkerziehung. Man suche als Erwachsener selbst, die im Beispiel gegebene Strategie zu variieren. Abb. 66

W *57. Spiel:* „Unterschiedsschlange (1) als Wettspiel." Jeder Spieler erhält fünf Klötze, der Rest bildet die Bank. Reihum werden soviel Klötze wie möglich an beiden Enden der Unterschiedsschlange angelegt. Gewonnen hat, wer keine Klötze mehr besitzt. Der Spielführer verwaltet die Restklötze und muß dem Spieler, der nicht anlegen kann, mindestens einen Klotz geben. Zuweilen ist es günstig, mehrere Klötze zu fordern. Beispielsweise könnte man verhindern wollen, daß ein Mitspieler, der nur noch einen Klotz besitzt, diesen anlegen kann. Die Klötze der Bank müssen mit einem Tuch verdeckt werden, damit unparteiisch die Bankklötze verteilt werden können.

* *58. Spiel:* „Die Unterschiedsschlange (1) beißt sich in den Schwanz." Wie in Spiel 56 wird die Schlange ausgelegt, aber es wird jetzt gefordert, daß alle Klötze bei Beachtung des Unterschieds von genau einem Merkmal von Klotz zu Klotz in einem Kreis liegen. Die Schlange beißt sich in den Schwanz. Das eventuell notwendige Umlegen von Klötzen am Schluß ist ein Geduldsspiel, denn wo der Zusammenhang durch Herausnahme von

Abb. 67 Klötzen gestört wird, ergeben sich Schließungsprobleme. Abb. 67 zeigt für acht Klötze eine Schlange, die sich in den Schwanz beißt. Bei Teilmengen werden die Schwierigkeiten reduziert, deshalb sollte vielleicht mit kleinen Mengen begonnen werden, bevor alle 48 Klötze genommen werden.

59. Spiel: „Schlangen mit größerer Unterschiedsanzahl." Jetzt legen wir Schlangen mit mehr als einem Unterschied. Zum Beispiel wählen wir zwei oder drei Unterschiede. Das ist eine Konzentrationsübung. Wer vier Unterschiede von Klotz zu Klotz beachtet, macht eine Entdeckung. Es gibt niemals eine einzige Schlange aus 48 Klötzen. Immer sind es zwei Schlangen, die sich
Abb. 68 nicht vereinigen lassen. Warum? Abb. 68 zeigt eine solche Schlange, an die sich alle kleinen, dicken Klötze und großen, dünnen Klötze nicht anlegen lassen. Man lege mit diesen Klötzen die zugehörige zweite Schlange mit vier Unterschieden.
Spiel 59 kann variiert werden, indem die Unterschiedsanzahl planmäßig verändert wird. Beispiele: 1. 1 — 2 — 1 — 2 — 1 — usw. 2. 1 — 2 — 3 — 1 — 2 — 3 usw. 3. 1 — 2 — 3 — 2 — 1 — usw. Diese Zahlen sollen die Unterschiede von Klotz zu Klotz angeben. Die Variationen der Spiele sind erwünscht. Kinder sollen nicht nur die Spiele spielen, sondern auch mit Regeln der Spiele spielen.

* *60. Spiel:* „Kreise legen mit zwei, drei und vier Unterschieden." Zusätzlich wird jetzt verlangt, daß sich die Schlangen des Spiels 59 in den Schwanz beißen. Das Spiel 58 wiederholt sich hier mit höheren Anforderungen. Diese Schwierigkeitssteigerungen müssen erzieherisch ausgewertet werden. Nur wer das Spiel 58 fehlerfrei spielen kann, darf Spiel 60 versuchen. Es muß eine Auszeichnung sein, eine schwierige Aufgabe zu bekommen.

** *61. Spiel:* „Wir legen eine Acht." Eine beachtliche Steigerung der Anforderungen bringt das Legen einer Acht mit der Bedingung, jeweils von Klotz zu Klotz einen Unterschied zu beachten. Wir wählen Teilmengen aus, um die Überschaubarkeit zu sichern. Beispiel: 16 Klötze mit den Farben Rot und Blau und den For-
Abb. 69 men Quadrat und Kreis. Abb. 69 zeigt die Acht. Ein Klotz bleibt übrig. Es ist vom dicken, großen, blauen, quadratischen Klotz jeweils ein Merkmal in vier Richtungen geändert: Form, Größe,

Farbe, Dicke (Abb. 69). Kann auch ein anderer Klotz die Überschneidungsstelle bilden?
Man variiere entsprechend. Sind Doppelachten möglich? Eine Antwort gibt Abb. 70. Welche Klötze müssen zuerst gelegt werden? Ist das die einzig mögliche Doppelacht? Was geschieht bei der Transformation rot wird blau und blau wird rot? Gibt es andere Transformationen, die die Spielbedingungen erhalten? Wir wissen, daß alle übrigen Merkmale konstant bleiben müssen. Das Spielen soll die Phantasie anregen, die zu vielen neuen Fragestellungen führt. Hier liegt die Bedeutung dieser Spielpflege. Abb. 70

* *62. Spiel:* „Hokuspokus." Das Spiel „Hokuspokus" verlangt, alle Klötze herauszusuchen, die gewissen Bedingungen genügen. Diese Bedingungen sind Merkmalwechsel, bezogen auf einen bestimmten Klotz. Wir formulieren es als Zauberspiel und geben einige Beispiele: 1. Hokuspokus – Form wechsle dich! 2. Hokuspokus – Dicke und Farbe wechselt euch! 3. Hokuspokus – Form, Farbe, Größe, Dicke wechselt euch! Wir diskutieren diese drei Fälle. Der Bezugsklotz sei in allen drei Fällen klein, dünn, gelb, dreieckig. Nach Zauberformel 1 gewinnen wir dünne, kleine, gelbe Klötze, die nicht-dreieckig sind: ein Quadrat, ein Rechteck und einen Kreis. Es darf sich also nur ändern, was in der Formel genannt wird, alle übrigen Merkmale müssen gleichbleiben. Nach Zauberformel 2 werden nur zwei Klötze gefunden. Es sind zwei kleine, dicke Dreiecke; eins ist blau, das andere rot. Im Falle 3 finden wir sechs Klötze, die nicht-klein, nicht-dünn, nicht-gelb und nicht-dreieckig sind. Wie werden diese Klötze schnell gefunden? Wer jeden der 47 Klötze einzeln auf diese Bedingungen hin untersucht, hat zweifellos noch nicht gelernt, zu einem Problem einen Plan für die Lösung zu entwerfen.
Die Überlegung könnte etwa so verlaufen: 1. Der Klotz darf nicht klein sein, also kommen 24 große Klötze in Frage. 2. Aus dieser Menge sind die dünnen Klötze auszusondern, weil die Bedingung nicht-dünn heißt. 3. Von den übrigen 12 Klötzen sind 8 nicht-gelb. 4. Jetzt stören noch die beiden Dreiecke. Übrig bleiben sechs große, dicke Klötze, von denen drei rot und drei blau sind. Jeweils zwei haben gleiche Form.
Es gibt 15 Hokuspokusspiele: Vier Spiele mit einem Merkmalwechsel, sechs Spiele mit zwei Merkmalwechseln, vier Spiele mit drei Merkmalwechseln, ein Spiel mit vier Merkmalwechseln.

Man stelle als Erwachsener eine Liste für jedes der 15 Spiele auf und bestimme die jeweils erhaltene Klotzanzahl. Die Anzahl bewegt sich zwischen eins und sechs. Neben den obigen drei Fällen sind weitere 12 Fälle zu finden (zum Beispiel: Hokuspokus – Dicke und Größe wechselt euch! Ein einziger Klotz erfüllt diese Bedingung).

*GW *63. Spiel:* „Dominospiel." Bei diesem Spiel können die aufgezeichneten Gitterfelder der Ordnungsspiele wieder Verwendung finden. Alle Klötze werden nicht nur nebeneinander in Zeilen, sondern auch übereinander in Spalten gelegt. In der Zeile muß von Klotz zu Klotz ein Unterschied, in der Spalte müssen zwei Unterschiede beachtet werden. Abb. 71 zeigt einen möglichen Spielanfang. Welche Klötze können an die Stellen a und b gesetzt werden? Es sind die Spielregeln zu beachten! An die Stelle a paßt der kleine, runde, rote, dicke Klotz. In der Zeile liegen dann drei runde, dicke, kleine Klötze nebeneinander, die sich nur in der Farbe unterscheiden. In der Spalte mit diesem eingesetzten Klotz liegt das große, rote, dicke Dreieck, das andere Form und Größe hat. Also sind die Bedingungen erfüllt. Der Platz b ist noch schwieriger zu füllen. In jeder Zeile *ein* und in jeder Spalte *zwei* Unterschiede! Es paßt das kleine, dicke, blaue Quadrat. Man überprüfe! Gibt es einen Platz wie b in Dominospielen, für den bei Beachtung beider Regeln kein Klotz gefunden werden kann? Es wäre ein großer Erfolg unserer Denkerziehung, wenn spontan aus dem Kreis der Kinder derartige Problemfragen gestellt würden. Abb. 72 demonstriert einen solchen Platz x.

Abb. 71
Abb. 72

Diesem Geduldsspiel für ein einzelnes Kind kann für eine Gruppe von Kindern Wettkampfcharakter gegeben werden. Jeder Spieler erhält fünf Klötze. Die Restmenge von Klötzen bildet die Bank. Reihum wird angelegt. Wer nicht anlegen kann, muß mindestens einen Klotz von der Bank nehmen. Die Klötze liegen hier verdeckt. Ein Spielführer gibt sie aus. Auch wer dran ist und anlegen kann, darf sich Klötze von der Bank nehmen. Das kann in gewissen Spielsituationen günstig sein. Gewonnen hat derjenige, der zuerst keinen Klotz mehr besitzt. Vielleicht legt man nicht an, obwohl man das tun dürfte. Mit Hilfe dieser Spielstrategie kann der Sieg eines Mitspielers verhindert werden.

Auch das allein spielende Kind kann Strategien entwickeln. So könnte ein Kind plötzlich lächelnd sagen: „Das Dominospiel ist doch ganz einfach. Ich kann alle Klötze sofort hinlegen." Das Ergebnis zeigt Abb. 73. Dieses Kind hätte dann Erfahrungen aus früheren Spielen ausgewertet. Sich vorher einen Plan ausdenken und nicht sofort mit dem Auslegen anfangen, das ist ein bedeutender Fortschritt in der individuellen Entwicklung des Kindes. Diese kognitiven Fähigkeiten sind Ziel unserer Denkerziehung. Abb. 73

W *64. Spiel:* „Klötze erobern." Drei Kinder spielen immer zusammen. A und B erhalten je vier Klötze. Das dritte Kind ist Spielführer (S) und verwaltet die 40 Restklötze (Bank). S legt einen Klotz aus. A und B müssen in genauer Reihenfolge mit je einem Klotz herauskommen. Wer die größere Unterschiedsanzahl zum Bezugsklotz hat, bekommt beide Klötze. Liegt Gleichheit vor, bleiben die Klötze so lange liegen, bis die weiteren Klötze, die von A und B ausgelegt werden, die Entscheidung bringen. Gewonnen hat, wer die meisten Klötze erobern konnte. Nach jeder Spielrunde wird wieder bei A und B auf vier Klötze aus der Bank aufgefüllt. Gleichzeitig legt S den Bezugsklotz in die Bank zurück und wählt einen neuen Klotz als solchen aus.

Abb. 74 bringt ein Beispiel. Der Bezugsklotz liegt unter S. Bei A und B sind die Klötze nach Unterschieden geordnet worden. Die Zahlen 1 bis 4 geben die Anzahl der Unterschiede der Klötze zum roten, runden, dünnen Kreis an. Abb. 74

1. Spielmöglichkeit: B gewinnt im ersten Zug, weil er allein einen Klotz mit vier Unterschieden hat und jeden anderen Klotz von A erobern kann. Die restlichen Spielzüge kann dann A gewinnen. Wie?

2. Spielmöglichkeit: B will mit dem ersten Zug das Spiel an A übergeben und legt das rote Rechteck aus. A zieht mit dem kleinen, roten Kreis nach und gewinnt damit beide Klötze. A kann nun mit keiner Setzung mehr gewinnen.

3. Spielmöglichkeit: 1. Zug: A beginnt und legt das blaue Rechteck. B: gelbes Rechteck. Keine Entscheidung! 2. Zug: A: großer, roter Kreis. B: rotes Rechteck. Wieder keine Entscheidung! Es bleiben alle 4 Klötze liegen. 3. Zug: A: kleiner, roter Kreis. B: gelber Kreis. Erst mit dem 4. Zug kommt die Entscheidung, denn das kleine Quadrat übertrifft den blauen Kreis. B gewinnt alle

Klötze. Im Vergleich zur 1. Spielmöglichkeit zeigt sich ein Vorteil für B darin, daß er das kleine Quadrat möglichst spät einsetzt. Der Reiz des Spieles wird gesteigert, wenn beide Spieler scharf überlegen und dabei auch die Pläne des Gegners zu durchschauen versuchen.

65. Spiel: „Unterschiedpläne." Wir geben zwei Pläne, die Dienes auf seinen Vorträgen in Deutschland benutzt hat. Es sind überall dort Klötze hinzulegen, wo ein Kreis eingezeichnet ist. Die Anzahl der Verbindungsstriche symbolisiert die Anzahl der Unterschiede entsprechend benachbarter Klötze.

Abb. 75 Abb. 76 Abb. 75 zeigt einen Plan mit jeweils einem, Abb. 76 einen Plan mit zwei bzw. drei Unterschieden. Gibt es verschiedene Möglichkeiten für das Auslegen mit Klötzen? Welche Teilmengen ergeben sich beim Auslegen? Ist beispielsweise der Plan von Abb. 75 mit ausschließlich Klötzen gleicher Farbe zu belegen? Welche Plätze im Plan von Abb. 75 sind leicht, welche schwer zu besetzen? Wo fängt man an?

5. *Reifenspiele*

Mit einer neuen Gruppe von Spielen werden Erfahrungen bisheriger Spiele aufgegriffen und in neue Zusammenhänge eingeordnet. Wir spielen auf dem Fußboden und ziehen Grenzen, die den Fußboden in Gebiete einteilen. Die Grenzen bilden Reifen (Holz, Peddigrohr, o. ä.) oder Kordel, die wir zusammenknüpfen und als Kreis auslegen. Wir klären an einem Reifen die topologischen Begriffe: außen, innen. Dazu sollen sich Kinder, die wir aufrufen, entsprechend aufstellen.

*G *66. Spiel:* „Die Reifenordnung." Nach vielen Ordnungsspielen greifen wir mit Spiel 66 eine Problematik auf, die wir zunächst in zwei Schritten vorbereiten wollen.
1. Schritt: Wir legen einen Reifen auf den Fußboden; in den Reifen kommt ein Merkmalkärtchen. Jetzt werden die 48 Klötze auf die beiden Gebiete verteilt. Beispiel: Kärtchen mit dem Symbol „rund" im Reifen bedeutet, alle runden Klötze kommen ins Innere des Reifens, alle Klötze, die „nicht-rund" sind, außerhalb des Reifens zu liegen. Wir wechseln die Kärtchen.
2. Schritt: Zwei Reifen mit je einem Kärtchen der gleichen Merkmalgruppe. Die Reifen liegen im größeren Abstand voneinander.

Beispiele gibt die Tabelle:

	1. Innengebiet	*2. Innengebiet*	*Außengebiet*
1.Beispiel	rote Klötze	gelbe Klötze	blaue Klötze
2. Beispiel	dicke Klötze	dünne Klötze	leer
3. Beispiel	dreieckige Klötze	runde Klötze	Klötze sind quadratisch oder rechteckig
4. Beispiel	große Klötze	kleine Klötze	leer

Nach diesen Vorbereitungen konfrontieren wir die Kinder mit folgender Situation: Erster Reifen – Kärtchen für „blau“, zweiter Reifen – Kärtchen für „quadratisch“. Was ist jetzt problematisch? Die Kinder räumen vielleicht die vier quadratischen, blauen Klötze ständig von einem Reifen in den anderen. Weil jedesmal eine Bedingung nicht erfüllt ist, bleibt jedoch alles unbefriedigend. Befinden sich beispielsweise die vier Klötze im ersten Reifen, dann ist die Forderung, daß alle quadratischen Klötze im zweiten Reifen liegen sollen, nicht beachtet. Für die Denkerziehung ist dieses Stutzen und Zweifeln ganz wesentlich. Der Vorschlag (eines fünfjährigen Mädchens), zwei Klötze in den einen Reifen und zwei Klötze in den anderen Reifen zu legen, muß abgelehnt werden. Das peinlich genaue Einhalten der Spielregeln ist gefordert, also ist ein Gerechtigkeitssinn fehl am Platze. Die Lösung bringt das Übereinanderschieben der Reifen.

Abb. 77 zeigt vier Gebiete. Besondere Beachtung findet Gebiet I. Abb. 77
Die beiden Bedingungen können nur im Gebiet I gleichzeitig beachtet werden. Hier liegen Klötze, die blau *und* quadratisch sind. Alle blauen Klötze, die nicht quadratisch sind, liegen in II. Alle quadratischen Klötze, die nicht blau sind, liegen in III. Der Rest von Klötzen liegt im Gebiet IV, diese Klötze sind nicht-quadratisch *und* nicht-blau.

Die Kinder legen jetzt die beiden Reifen wie in Abb. 77 und suchen zwei beliebige Merkmalkärtchen aus. Jetzt können sie die Klötze auf alle vier Gebiete verteilen. Dieses reizvolle Spiel ist nicht schwer, es kann in vielen Varianten gespielt werden, die zuweilen interessante Entdeckungen gestatten. Unter welchen Bedingungen bleiben manche Gebiete leer? Wann ist keines der vier Gebiete leer? usw. Es sollten auch Negationen (nicht-blau, nicht-rund, usw.) verwendet werden. Wir geben abschließend in einer Tabelle die Merkmalverknüpfungen in den vier Gebieten an, die für die einzelnen Teilmengen bei den drei ausgewählten Beispielen zutreffen.

Kärtchen:	1. Beispiel (klein; rot)	2. Beispiel (dick; dünn)	3. Beispiel (nicht-gelb; rund)
Gebiet I	klein und rot	leer	nicht-gelb und rund
II	klein und nicht-rot	dick	nicht-gelb und nicht-rund
III	rot und nicht-klein	dünn	gelb und rund
IV	nicht-rot und nicht-klein	leer	gelb und nicht-rund

67. Spiel: „Wegkreuzung." Das Spiel 67 soll leistungsschwächeren Kindern Teilprobleme des Spiels 66 verdeutlichen. Es sollen zwei sich kreuzende Wege mit Klötzen bestimmter Merkmale ausgelegt werden. Beispielsweise wird ein Weg mit nur runden und der andere mit nur gelben „Steinen gepflastert". Wo sich die Wege kreuzen, dürfen also nur Klötze liegen, die rund und gelb sind. Man variiere die Merkmale und suche Fälle, bei denen die Kreuzung nicht gepflastert werden kann (ein Weg mit großen, der andere mit kleinen Klötzen).

**G *68. Spiel:* „Ordnungen vergleichen." Vielleicht kommt Kindern der Gedanke, das Spiel 66 mit Spiel 39 zu vergleichen. Was damals die vier Kästchen waren, sind jetzt die vier Gebiete. Die Abbildungen 43 und 44 zeigen das recht deutlich. Das gleiche Verteilungsprinzip ist noch im Spiel 38 (Abb. 41) beachtet worden. Wir stellen die drei verschiedenen Diagramme hier noch ein-
Abb. 79 mal gegenüber (Abb. 79). Sie gewinnen im späteren Mathematikunterricht an Bedeutung. Vorläufig fassen wir alles nur als Ordnungsspiele auf. Die 48 Klötze werden in vier Teilmengen (I, II, III, IV) aufgeteilt. Das Prinzip ist in allen drei Fällen gleich. Die gemeinsamen Eigenschaften der Klötze einer Teilmenge können am Bäumchen am besten abgelesen werden. Das Entlangfahren an einem Ast bis zur Teilmenge bringt genau die beiden Eigenschaften, die beim Carroll-Diagramm (neue Kästchenordnung) Zeile und Spalte bestimmen. Das Venn-Diagramm (Reifenordnung) bringt die Lösung des im Spiel 66 entfalteten Problems. Die Lösungsstruktur stimmt mit der Ordnungsstruktur der beiden anderen Diagramme überein. Als Gruppenspiel würde man vielleicht drei Kinder mit je einem Kasten Klötze je eine der drei angegebenen Ordnungen gleichzeitig herstellen lassen, dabei aber ein gleiches Merkmalpaar für alle drei Kinder wählen. Nach fertiggestellter Ordnung werden die Ergebnisse verglichen und diskutiert.

An dieser Stelle wollen wir noch auf Folgendes hinweisen:
1. Statt nur Klötze zu ordnen, sollte man im Freien zwei große Kreise wie in Abb. 77 ziehen und die Kinder sich entsprechend aufstellen lassen. Beispiel: In diesen Kreis gehen alle Kinder, die Brüder haben. In den anderen Kreis stellen sich die Kinder, die Schwestern haben. Ein Kind hat Schwester und Bruder, ein anderes ist Einzelkind. Was müssen sie tun? Wieder anders können wir die Kinder gruppieren, wenn wir den Besitz eines Rollers und eines Dreirades als Merkmale auszeichnen.
2. Was wir hier tun, hat lerntheoretisch große Bedeutung. Das, was bei den verschiedenen Beispielen immer wieder gleich bleibt, sind logische Sachverhalte. Wir beherrschen diese nur, wenn wir viele verschiedene Modelle kennengelernt haben und in neuen Situationen als solche wiedererkennen. Es sollte deshalb bedacht werden, daß unsere Spiele mit den Merkmalklötzen jeweils auch in andere Situationen und auf andere Materialien übertragen werden können. Diese Forderungen werden von Z. P. Dienes immer wieder erhoben.

Jetzt soll das Bäumchen erweitert werden, wie es bereits in Abb. 42 vorgeschlagen wurde. Das dritte Merkmal, das zu den beiden Merkmalen „dreieckig" und „rot" kommen soll, heißt „groß". Es entsteht also an den vier Endpunkten des Bäumchens der Abb. 79 jeweils eine Gabelung, wie sie Abb. 80 zeigt. So ergeben sich acht Teilmengen von Klötzen, denn die vier Teilmengen werden jeweils getrennt in große und kleine Klötze. Wie sieht jetzt diese Ordnung beim Reifenspiel aus? Die Lösung zeigt Spiel 69. Abb. 80

* *69. Spiel:* „Das Dreireifenspiel (ohne Negation)." In Abb. 81 sind die acht Gebiete so durchnumeriert, daß die Reihenfolge mit der der Teilmengen im durch Gabeln (Abb. 80) ergänzten Bäumchen von Abb. 79 von links nach rechts übereinstimmt. Es liegen also im Gebiet I zwei Klötze, die rot und dreieckig und groß sind. Beim Bäumchen sind die drei Merkmale beim Entlangfahren des äußersten linken Astes abzulesen, während die drei übereinanderliegenden Reifen nur das Gebiet gemeinsam haben, dort also nur Klötze liegen dürfen, die durch die drei angegebenen Merkmale ausgezeichnet sind. Das Außengebiet VIII ist vergleichbar mit dem äußersten rechten Ast beim Bäumchen. Die Klotzmenge be-

steht aus 12 Klötzen, die nicht-rot und nicht-dreieckig und nicht-groß sind. Wählen wir noch abschließend das Gebiet III aus. Hier liegen Klötze, die rot und groß und nicht-dreieckig sind.
Abb. 81 6 Klötze erfüllen diese Bedingungen. Es ist für Kinder sehr reizvoll, jeweils 3 Merkmale beliebig auszuwählen und die Klötze mit den geforderten Merkmalen in die Gebiete zu verteilen. Alle 48 Klötze sind damit in genau 8 Teilmengen geordnet. Das so geforderte Verteilen sollte auch mit entsprechenden Bäumchen verglichen werden, die gezeichnet oder mit Tesa-Krepp (Kordel o. ä.) ausgelegt werden.

Vielleicht verlangen die Kinder auch nach der entsprechenden Kästchenordnung. Im Spiel 68 wurden alle 3 Diagramme miteinander verglichen. Ergänzen wir deshalb das Spiel 69 entsprechend. Die Kinder entdecken schnell, daß in jedem der vier Kästchen die großen von den kleinen (nicht-großen) Klötzen getrennt werden müssen. So könnte also in jedes der vier Kästchen ein weiteres kleines Kästchen gestellt werden, das die kleinen Klötze aufnimmt. Die großen Klötze bleiben liegen. Statt Gefäße zu benutzen, könnte ein Gitterfeld gezeichnet werden, dessen Einzelfelder allerdings groß genug sein müssen, um die entsprechenden
Abb. 82 Teilmengen aufzunehmen. Abb. 82 gibt die Verhältnisse wieder. Intelligente Kinder sehen schon, daß nur noch ein einziges Merkmal (also das vierte!) im Diagramm Beachtung finden kann. Die rechte Seite ist noch für Markierungen frei. Die Felder werden dann noch einmal halbiert. Es könnte beispielsweise noch nach der Dicke getrennt werden. Jetzt entstehen 16 Teilmengen.

* *70. Spiel:* „Das Dreireifenspiel mit Negationen." Das Dreireifenspiel sollte selbstverständlich auch unter Verwendung von Ne-
Abb. 83 gationen gespielt werden. Ein Beispiel zeigt Abb. 83. Die Zahlen geben die Anzahl der Klötze in den einzelnen Gebieten an. Im Gebiet VIII liegen die beiden großen, roten Dreiecke. Die beiden kleinen, roten Dreiecke liegen im Gebiet VII. Da gegenüber Spiel 69 die Merkmale negiert wurden, liegt ein Vergleich beider Ordnungen nahe (Abb. 81 und 83). Beispielsweise haben Gebiet I (Abb. 81) und Außengebiet VIII (Abb. 83) die gleiche Klotzteilmenge. Wo sind noch gleiche Klotzmengen zu finden?

G *71. Spiel:* „Die Reifenordnung wiederfinden." Dieses Spiel ist eine Variation der übrigen Reifenspiele. Beispielsweise werden im

Spiel 66 und 69 nach Spielende einzelne Gebiete von Klötzen geräumt und die Merkmalkärtchen aus den Reifen genommen. Wer kann die gestörte Ordnung wiederherstellen?
Lassen wir einmal nur die Klötze des Gebietes I in Abb. 77 liegen. Ohne viel Mühe erkennen die Kinder, daß die vier hier liegenden Klötze gleiche Farbe und Form haben. In der Restmenge sind keine Klötze zu finden, die blau und quadratisch sind. Damit ist aber mit Sicherheit gefunden: Das Merkmal „blau" ist für den einen Reifen und das Merkmal „quadratisch" für den anderen Reifen charakteristisch. Die Kinder legen die beiden Kärtchen und die entsprechenden Klötze nach der erkannten Ordnung aus.
Schwieriger ist das Erkennen einer Ordnung beim Dreireifenspiel. Wir diskutieren ein Beispiel mit Hilfe von Abb. 81. Angenommen, es liegen nur die roten Klötze da, alle übrigen sind weggeräumt. Merkmalkärtchen fehlen ebenso. Wie ist zu überlegen? Da in IV und II kleine und in I und III große Klötze liegen, ist der untere Reifen mit dem Merkmal „groß" zu versehen. Die Dreiecke in I und II lassen auf das Merkmal „dreieckig" im Reifen oben rechts schließen. Damit ist eine mögliche Reifenordnung gefunden. Ist es die einzig mögliche Ordnung? Die Frage nach der Eindeutigkeit und damit zusammenhängend die Frage, wie viele Gebiete maximal jeweils geräumt werden können, sollte provoziert werden.
Es sei noch darauf hingewiesen, daß Spiel 71 auch in folgender einfacher Variante gespielt werden kann: Man räumt nicht gewisse Gebiete, sondern legt einzelne Klötze in falsche Gebiete, ohne daß die Kinder es sehen. Selbstverständlich nur so viele, daß die Ordnung erkennbar bleibt. Die Aufgabe besteht darin, die falsch liegenden Klötze zu entdecken und sie an ihren richtigen Platz zurückzubringen. Es empfiehlt sich, jeweils die Anzahl der Fehler in den einzelnen Gebieten (vielleicht auch nur die Gesamtzahl) anzusagen.

Für Erfahrungsberichte ist der Verfasser aus wissenschaftlichen Gründen dankbar. (Pädagogische Hochschule Reutlingen, Postfach 680.)

Abb. 26

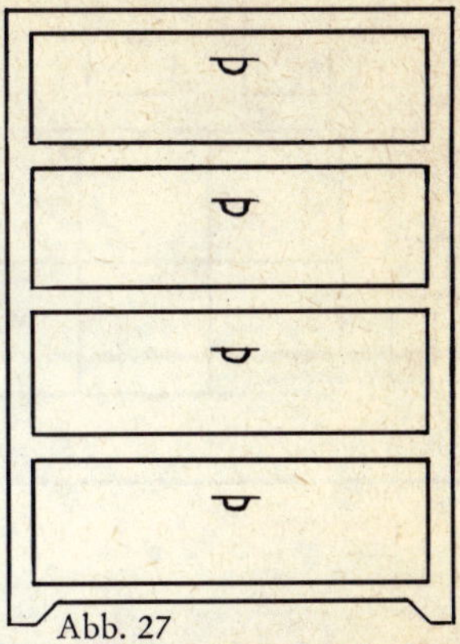
Abb. 27

Abb. 28

Abb. 29

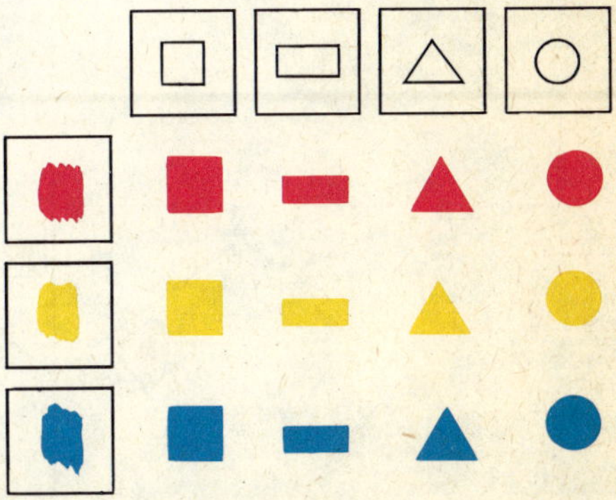
Abb. 30

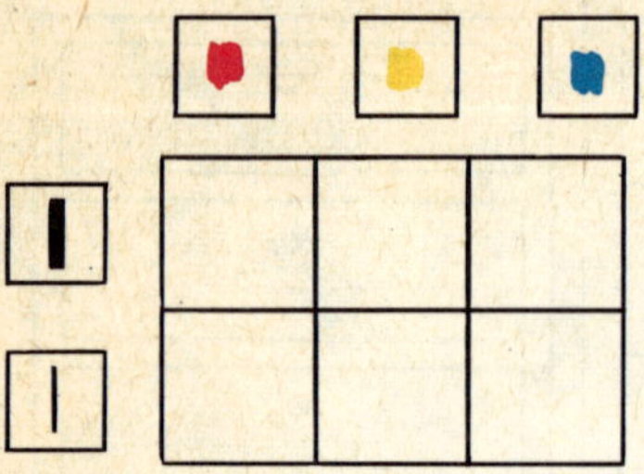

Abb. 31

Abb. 32

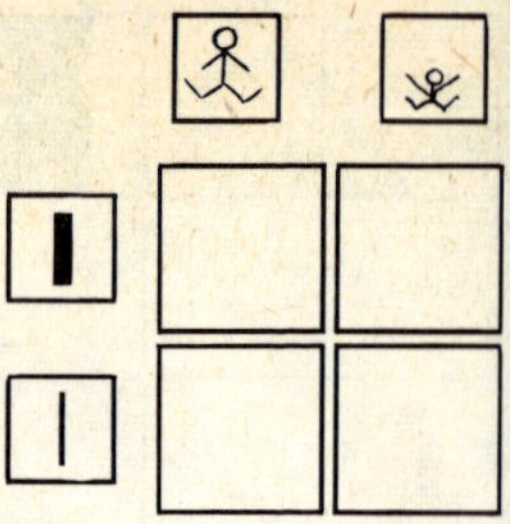

Abb. 33

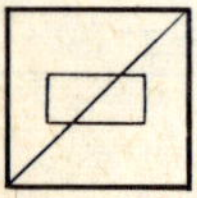

Abb. 34

Abb. 35

Abb. 36

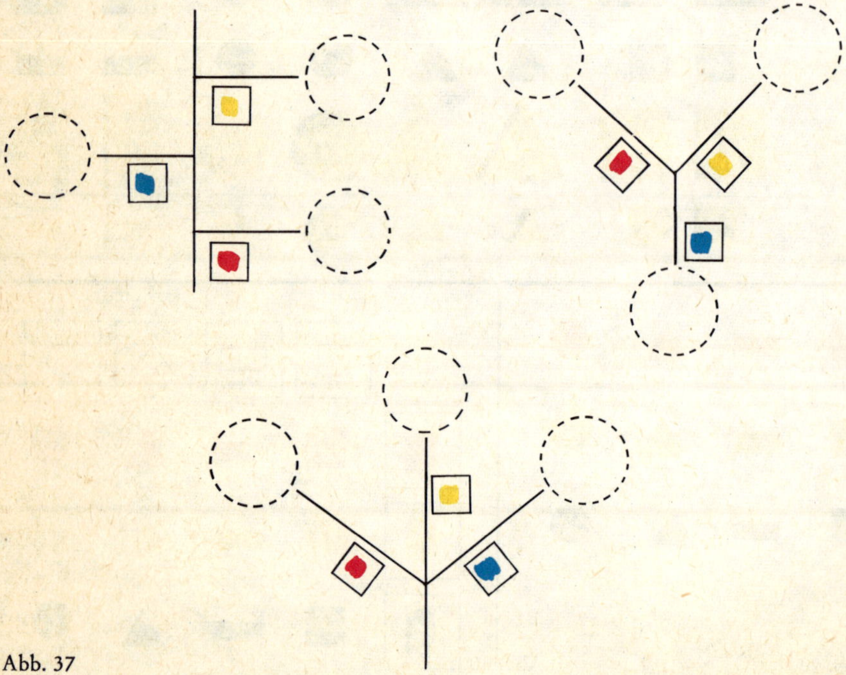

Abb. 37

Abb. 38

Abb. 39

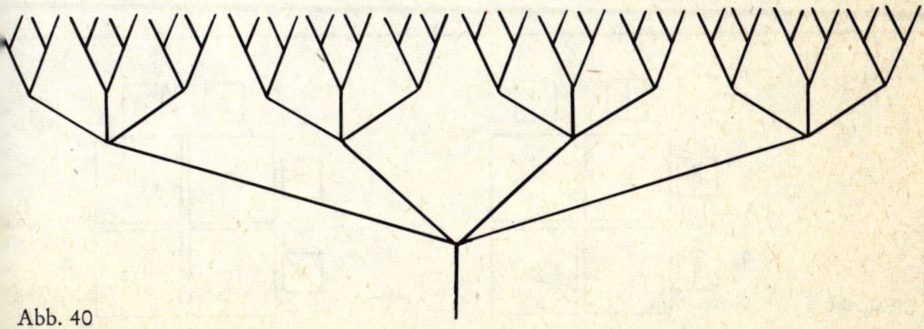

Abb. 40

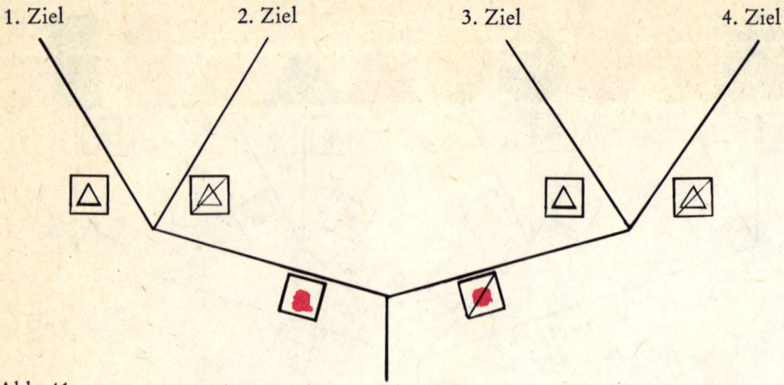

Abb. 41

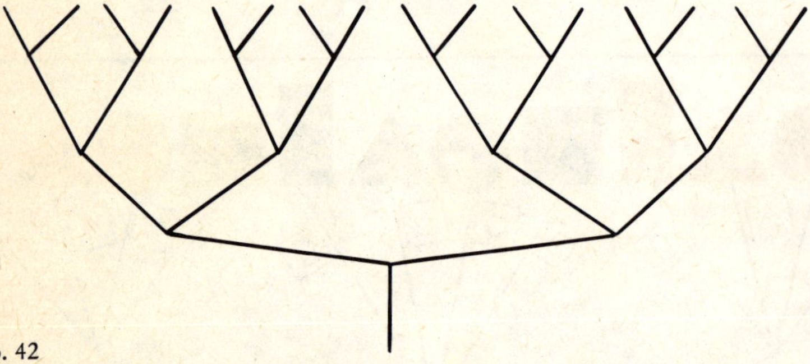

Abb. 42

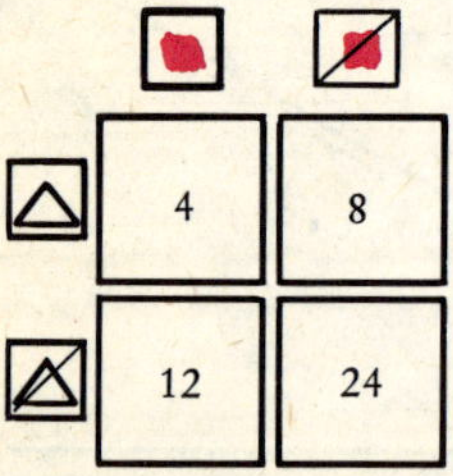

Abb. 43

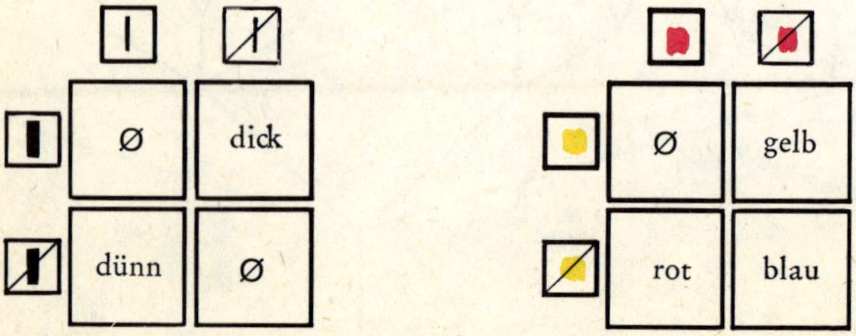

Abb. 44

Abb. 45

Abb. 46

Abb. 47

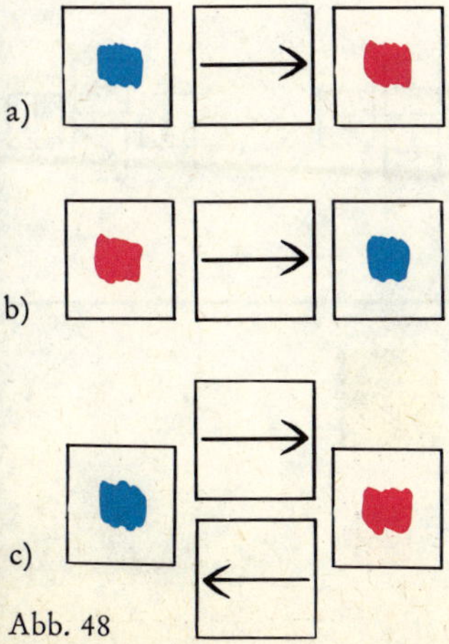

Abb. 48

Abb. 49

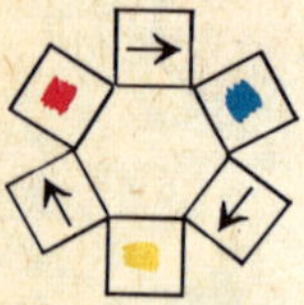

Abb. 50

Freie Wahl

Gebundenes Setzen

Abb. 51

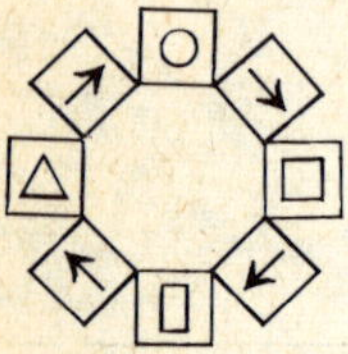

Abb. 52

Freie Wahl

Gebundenes Setzen

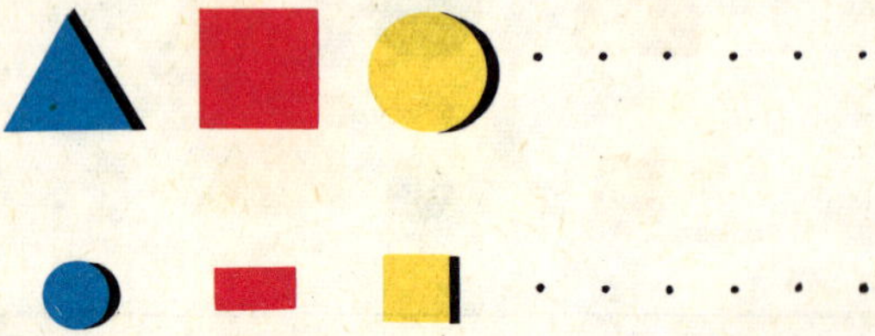

Abb. 53

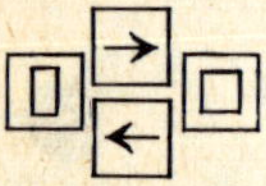

Abb. 54

Freie Wahl

Gebundenes Setzen

Abb. 55

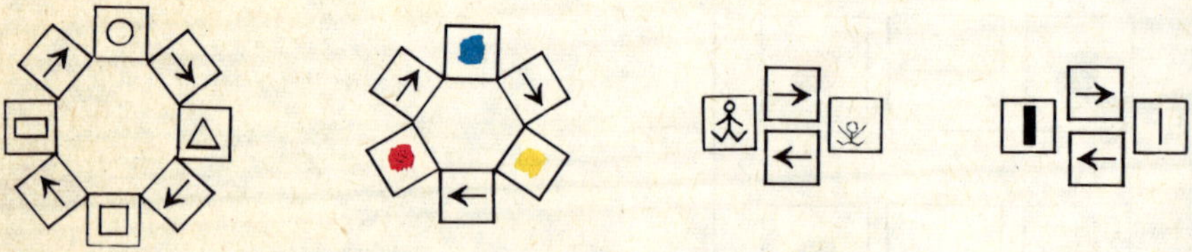

Abb. 56

Freie Wahl

Gebundenes Setzen

Abb. 57

Abb. 58

Abb. 59

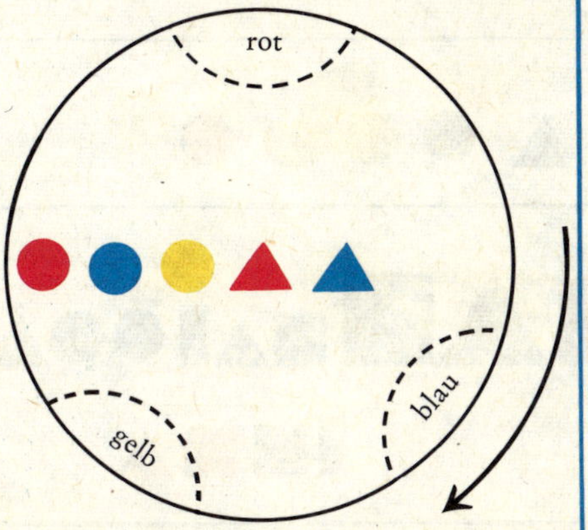

Abb. 60

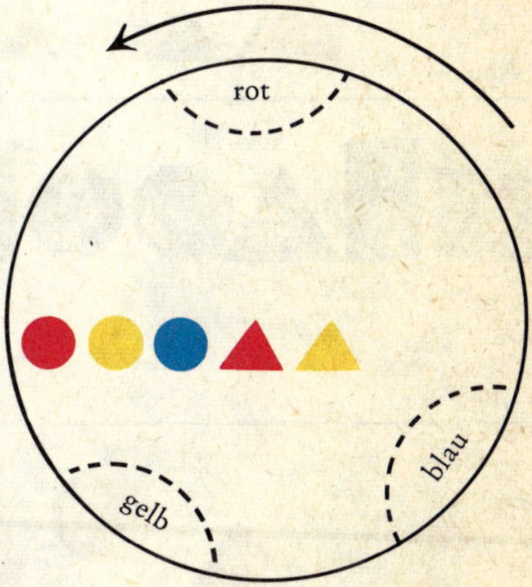

Abb. 61

Abb. 62

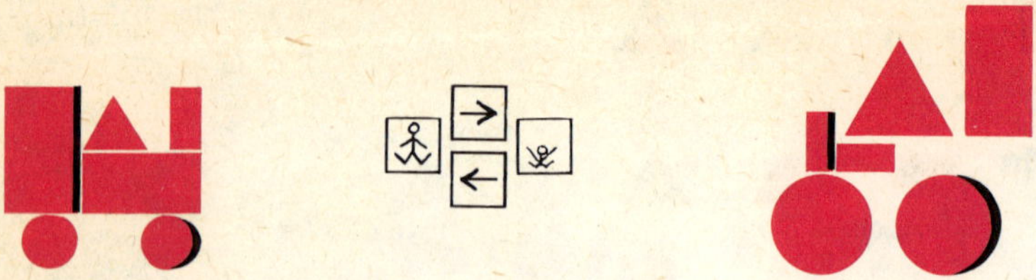

Abb. 63

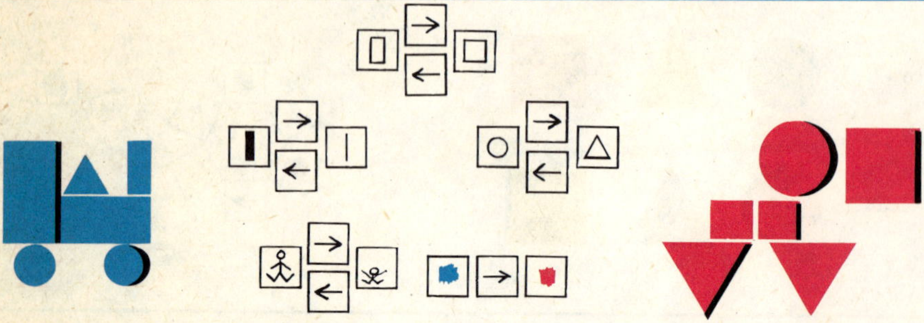

Abb. 64

Abb. 65

Abb. 66

Abb. 67

Abbildungen zu »Denken macht Spaß« von Siegfried Kothe

Herder Freiburg · Basel · Wien

Gesamtherstellung: Hermann Kuhn KG, Verlags- und Industriedrucke
Villingen-Schwenningen 1973

Abb. 1

Abb. 2

Abb. 3

Abb. 4

Abb. 5

Abb. 6

Abb. 7

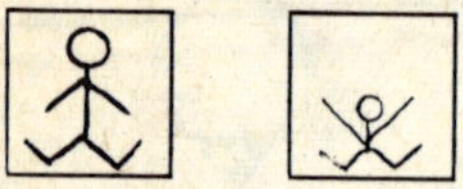

Abb. 8

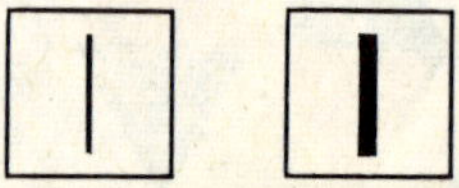

Abb. 10

Abb. 9

Kopf und Schwanz verschieden groß
Modell für Geradzahligkeit

Kopf und Schwanz gleich groß
Modell für Ungeradzahligkeit

Abb. 11 *Schlangen*

(Abb. 12 im Text, s. dort)

Abb. 13

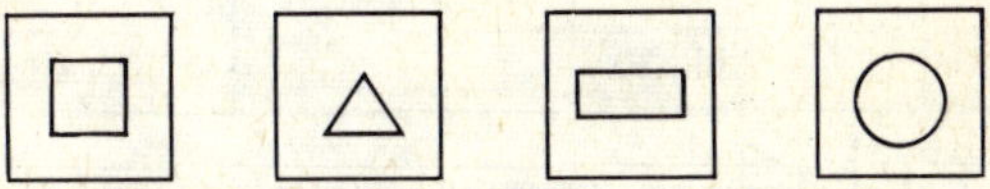

Abb. 14

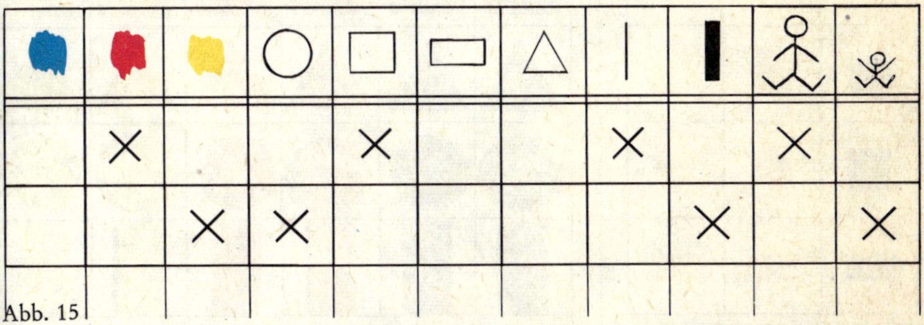

Abb. 15

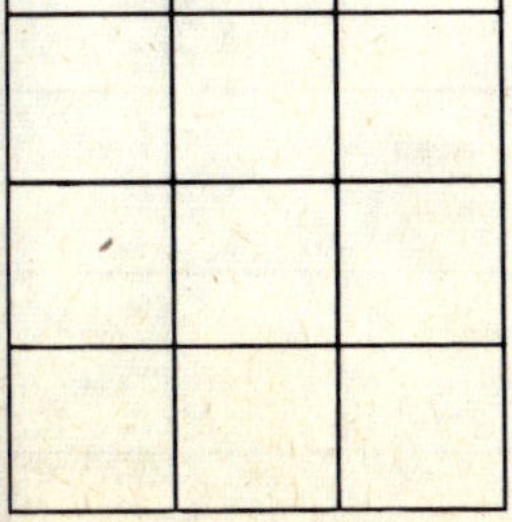

Abb. 16

Abb. 17

Abb. 18

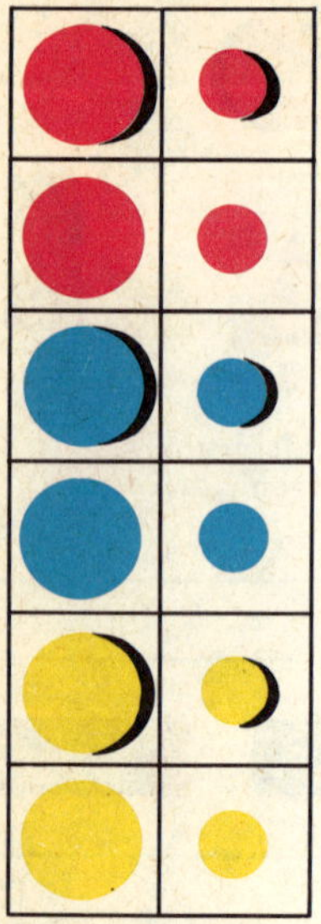

Abb. 19

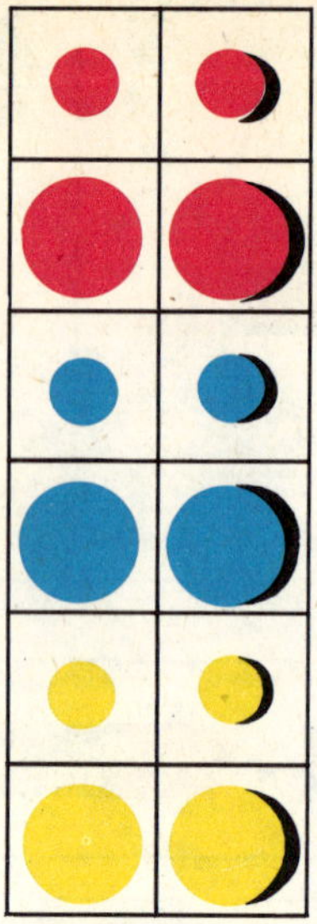

Abb. 20

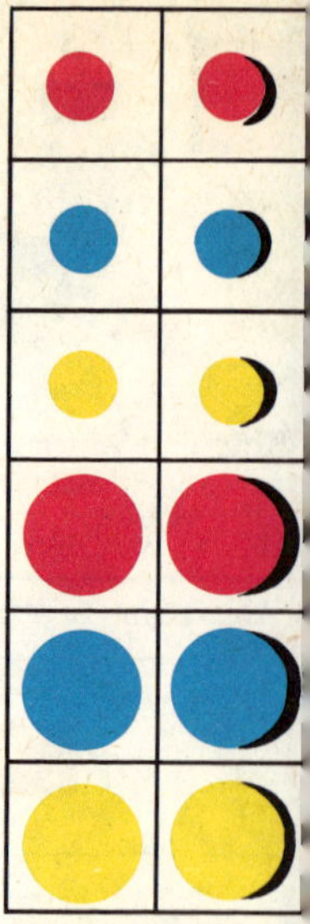

Abb. 21

Abb. 22

Abb. 23

Abb. 24

Abb. 25

Abb. 68

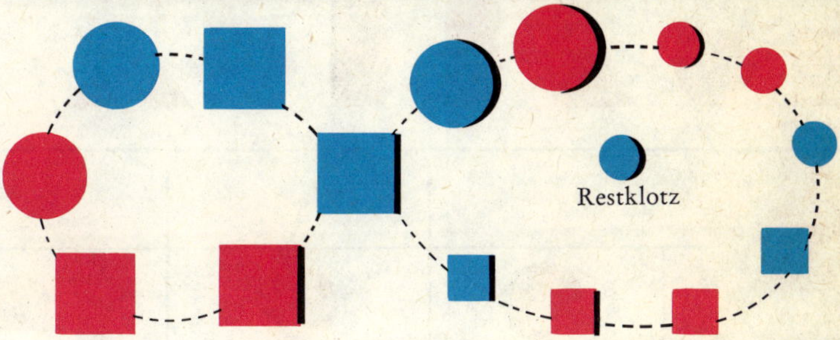

Abb. 69

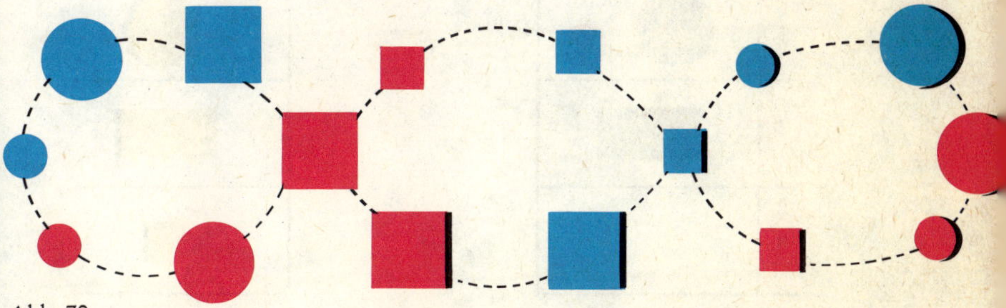

Abb. 70

Abb. 71

Abb. 72

Abb. 73

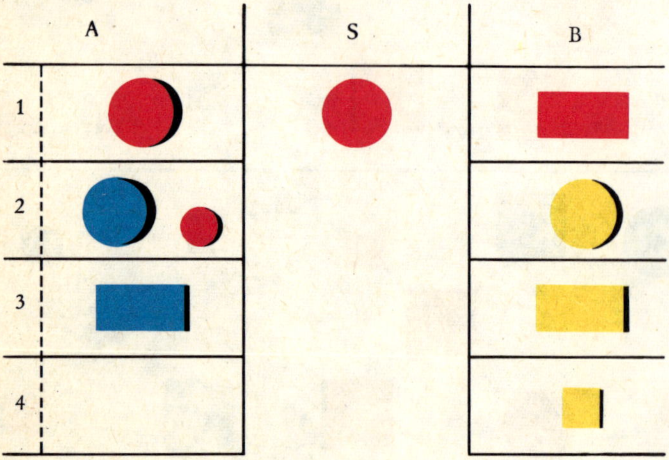

Abb. 74

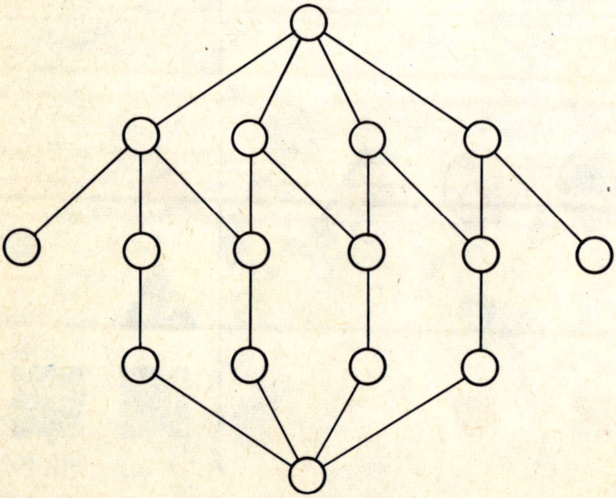
Abb. 75

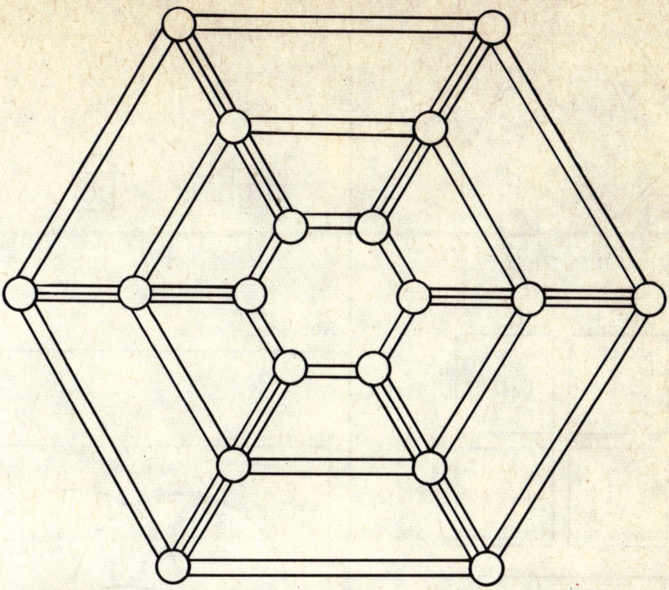

Abb. 76

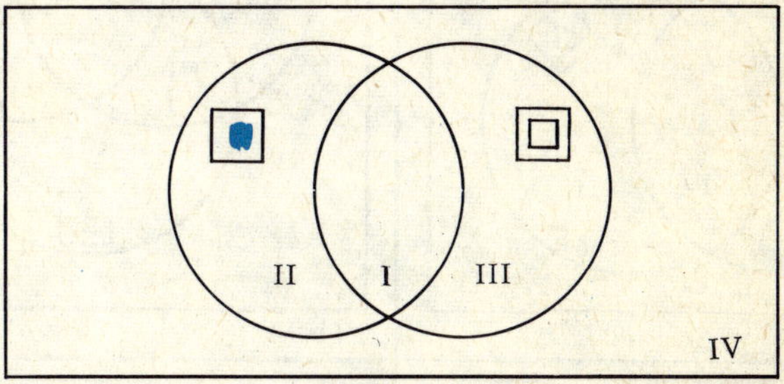

Abb. 77

Abb. 78

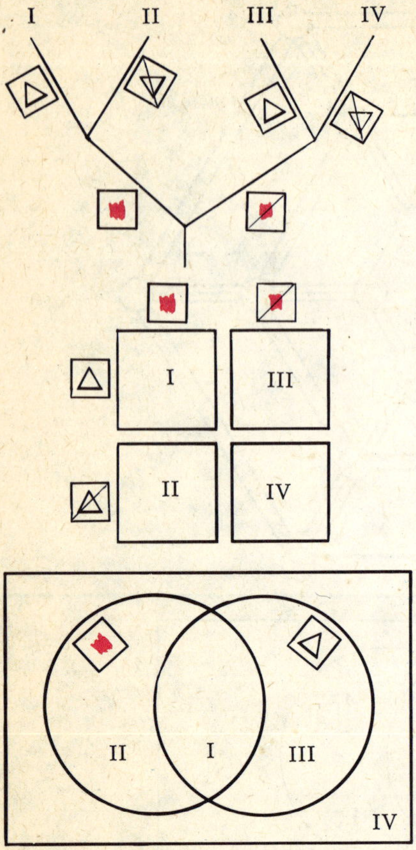

Abb. 79

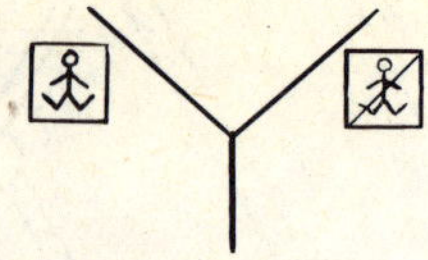
Abb. 80

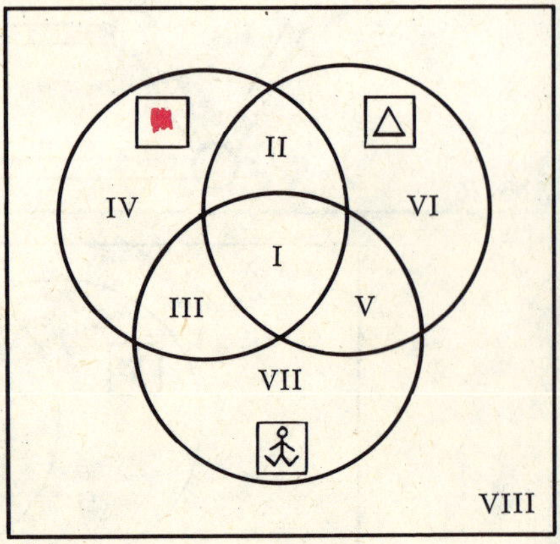

Abb. 81

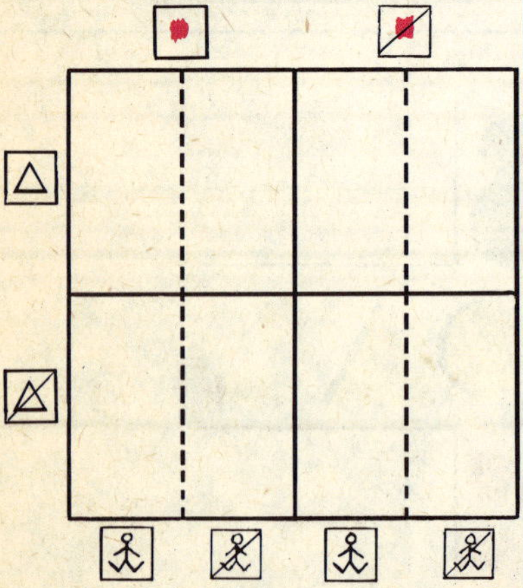
Abb. 82

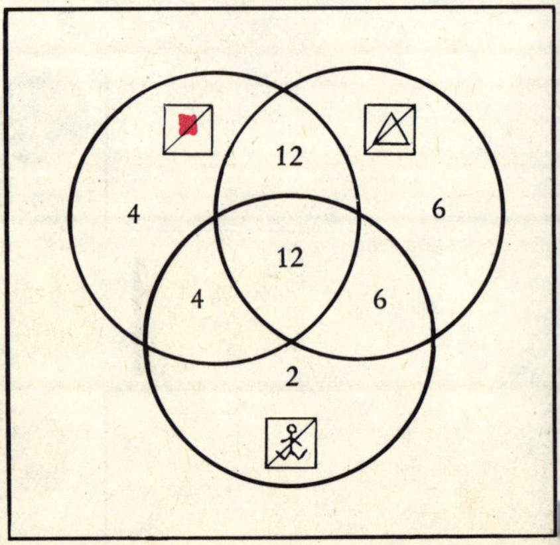

Abb. 83